הגדת המנהגים

בשילוב כל מנהגי עדות ישראל

הוצאת קורֵן ירושלים

הגדת קורן לפסח

הגדת המנהגים

בשילוב כל מנהגי עדות ישראל

הוצאת קוֹרֵן ירושלים

הגדת קורן לפסח
הגדת המנהגים בשילוב כל מנהגי עדות ישראל

The Koren
Minhagim Haggada

ת״ד 4044 ירושלים 9104001
טל׳ 02-6330530 פקס׳ 02-6330534

POB 8531, New Milford, CT 06776-8531

koren@korenpub.com

עיצוב גרפי: נופר דסקל

ISBN 978-965-7760-30-7 מסת״ב
Printed in Israel 2019 נדפס בישראל

נשיא המדינה

ירושלים, י׳ באדר א׳ תשע״ט
15 בפברואר 2019

<u>לעורכי והוגי הגדת המנהגים ולכל בית ישראל</u>

כאשר סבי זקני, ר׳ יושע ריבלין, בנה את בית הכנסת הראשון מחוץ לחומות, התעוררה השאלה באיזה נוסח יתפללו, ספרד, אשכנז, או עדות מזרח. בימים ההם, המאבקים על הנוסח, פירקו משפחות וקרעו קהילות. אפילו השלטונות הטורקים והבריטיים, היו מעורבים לעתים, מתוך ניסיון להכריע בין סכסוכי נוסח. סבי זקני, יחד עם חבריו, הכריעו שבבית הכנסת הראשון מחוץ לחומות, יתפללו בנוסח תפילה מאוחד. נימוקו היה, ש"נוסח תפילה מאוחד" שווה בגימטרייא ל"בנין ירושלים."

ההגדה המוצעת לפנינו ממשיכה ותורמת לבנין ירושלים בחיבורם של המסורות, המנהגים והנוסחים השונים יחדיו. כך יכולים לשבת לשולחן הסדר כל שבטי ישראל, וכך אנו שותפים לא רק לתקוה ולתפילה לירושלים הבנויה אלא גם לבנייתה בפועל כירושלים של מטה וירושלים של מעלה.

בברכת חג כשר ושמח,

ראובן (רובי) ריבלין

הקדמה

לפני 3331 שנים שיבש אלוהים את מערכות הטבע כדי לשחרר את עם ישראל להיות עם חופשי, עם החופשי לספר לעצמו, לילדיו ולעולם כולו שיש אלוהים שברא את מערכות הטבע האלה. יש סיבה אחת עיקרית שמשפטים אלה נשמעים מובנים מאליהם היום והיא שאנחנו, עם ישראל, אותו עם ישראל שקיבל את זהותו הלאומית לפני 3331 שנים, מתכנסים בכל שנה לספר זאת. כל עוד נמשיך להתכנס, הדברים יהיו לנו כה ברורים עד שאולי נרגיש שמיותר להתכנס לשם כך. אולם אם נפסיק להתכנס – ספק אם יהיה מי שיצליח להעלות על דעתו שמציאות פלאית כזו אפשרית בכלל.

כל ישראלי בכל דור ודור מדגיש לעצמו, לילדיו, ולנוכחים אצלו בשולחן ליל הסדר, שעם ישראל שהתחיל את דרכו בצאתו ממצרים, זהו אותו עם ישראל שחי וקיים, שמסב יחד מסביב למצות ולמרור, ושכולנו חלקים המרכיבים אותו. היציאה ממצרים, הצעד הראשון של עם ישראל כעם, היא הפרק הראשון בסיפור הלאומי שלנו, ואחרי פרקים רבים שמתועדים בתנ"ך ובספרי קורות ישראל, אנחנו כיום, במעשינו בכל יום ויום ובהסבתנו סביב שולחן הסדר, מהווים את הפרק הבא בסיפור הזה.

במקרא יש פרקים המופיעים זה אחר זה ברצף, כתיאור כרונולוגי של האירועים. אך יש גם פרקים המתארים אירועים שקרו באותו הזמן, במקומות שונים. כך גם בקורות ישראל שלאחר תום עידן התנ"ך – הפרקים של הסיפור הלאומי שלנו התרחשו במקביל באלפי ערים וכפרים, בספינות וברכבות, ותחת רוב השליטים שמלכו ביורו-אסיה באלפיים השנים האחרונות. מתוך קטסטרופה היסטורית, כדברי הסופר ש"י עגנון, גלה ישראל מארצו והתפזר לכל קצוות תבל, ובחיק מחשבתו הידיעה כי יש אלהים שברא את מערכות הטבע, שגאל אותנו בעבר ויגאל אותנו גם בעתיד. וכל קהילה וקהילה וכל יהודי בודד, כשידיעה זו מלווה אותם כל העת, פגשו בתרבות המקומית, הכירו את ערכיה והתמודדו עם האיומים הפיזיים והרוחניים שעלו ממנה. לעתים אימצו מדרכי המקום, ולעתים עמדו והתגוננו מפני חלחול רוח נכר קלוקלת אל מקדש ביתם. ואולי החשוב ביותר, בגלל הרצון השורשי שלהם להמשיך לספר לצאצאיהם ולעולם כולו את סיפור גאולת ישראל, הם גם השתמשו בשפה התרבותית המקומית לבטא את הסיפור הזה, כפי שלא יכול היה להתאפשר קודם הגלות.

כל ההנהגות האלה, הבחירות הקטנות של כל יהודי בכל מקום, הן הן תרכיב המנהגים האדיר שנוצר לאומה שלנו. דומה הדבר לנווד שבאמתחתו זרעי גפן מצוינים ומשובחים שנאספו מאותו הכרם הראשון שנטע נח בצאתו מן התיבה. הוא התהלך בעולם ולאורך ההיסטוריה, ובכל אתר ואתר ששבת שם טמן זרע אחד. בני המקום טיפחו את הגפנים בשיטות המיוחדות למקום, המותאמות לתנאי המקום ולמידת המרץ של בני המקום. אחרי עידן של צמיחה והבשלה, דרכו בני המקום את הענבים והכינו יין, והפקידו אותו בבקבוקים רבים. עבר אותו הנווד שנית ואסף לו עשרות אלפי בקבוקים. היין הופק מאותם הזרעים, זרעים בהם כמוסות אותן ההוראות הנלחשות לנבט כיצד להשתרע ולשלוח שריגים, ואילו פירות להוציא – אולם הזרעים ינקו ממשאבים אחרים לחלוטין ועברו טיפוח שונה בתכלית. לצד כוס יין העשוי מהכרם המקורי של נוח, מזג לו הנווד כוסות קטנות מכל יין ויין, וטעם. כל היינות היו צאצאים של היין הראשון, אך הם העלו חיוך על שפתיו האדומות – אילו צאצאים עם קריצה. בכל יין היה שדרוג ייחודי, או הברקה חדשה, יין בעל מבטא ייחודי, יין בעל לבוש מיוחד.

כך ביטא כל יהודי את יהדותו באופן אחר וסיפר את הסיפור הלאומי בשפת המקום. כעת, שעה שזכינו להתכנס מכל הגלויות בארץ האבות, לא זו בלבד שאנו חוזרים לשורשים – אנו מאפשרים לשורשים להתפעל מההישגים ומהחידושים של הענפים הרבים, שלא העלו על דעתם שניתן להצמיח כך את עץ ישראל. יש לנו הזכות להסב בליל הסדר עם נציגים מעדות ישראל השונות, משפחה ומשפחה בקיבוץ הגלויות הפרטי שלה. אנו יכולים לטעום את הטעמים השונים בארבע כוסות יין, או לשמוע את הסיפורים השונים שנרקמו במקומות אחרים ובזמנים שונים. אולי בן עדה מסוימת יחוש שטעמה של עדה אחרת ערב לחיכו, אולי בת קהילה אחת תתפעל ותתרגש לשמוע את סיפור הגאולה באותו האופן שמספרים דווקא בקהילה רחוקה מאוד משלה. יש לנו האפשרות ליהנות מהגיוון האדיר שיש במנהגי ישראל לא רק על פי חלוקה גיאוגרפית או נסיבתית, אלא גם על פי נטייה נפשית אישית.

ביצירת הגדה זו עמלנו במשך שנתיים במלאכת הנדידה והאיסוף בין כל קהילות ישראל במטרה לכנוס את כל המנהגים ולהגיש אותם למסובים בליל פסח. אנו תפילה שההיכרות עם הגיוון המפואר של מנהגי עדות ישראל תוביל לקירוב של הלבבות, ותסייע לקורא בהגדה להרגיש כאילו הוא מסב לשולחן עם "כֹּל קְהַל עֲדַת יִשְׂרָאֵל" (שמות יב בתיאור קרבן פסח).

ינון חן ליקט את כל מנהגי ישראל בליל הסדר לצורך ההגדה. כדרשת חכמים בהגדה (עמ' 34), אנו משתמשים בביטוי '**כל** מנהגי ישראל' להביא בחשבון את המנהגים שנלמד עליהם בעתיד, בזכות קוראי ההגדה שיכתבו לנו על מנהגים שחיסרנו. נודה מאוד למי שיכתוב לנו בנושא זה, ובכך נזכה לנצור בהגדה זו דרכי ביטוי נוספות של סיפור הגאולה. את המנהגים מלווים דברי הרחבה. אפרת גרוס עברה על כל ההגדה ושיפרה את סגנון הדברים בטוב טעמה. נופר דסקל עיצבה ביד אמן את ההגדה כולה. רינה בן גל ואליהו משגב ליוו את העיצוב בכל השלבים, ואבישי מגנצא אמון על ההפקה.

תודתנו לכל אלה שאישרו לנו להשתמש בתצלומים שברשותם: המרכז לתיעוד חזותי ע"ש אוסטר, מוזיאון העם היהודי בבית התפוצות; ארכיון התמונות ע"ש שושנה ואשר הלוי, יד יצחק בן צבי; הארכיון הציוני המרכזי; מוזיאון ישראל, ירושלים; ארכיון יד ושם; הרב מנחם ולדמן; אוסף התצלומים הלאומי; Jewish Historical Society of Southern Alberta.

אין זה פלא, אם כן, שחג הפסח הוא המועד הנחגג ביותר בעם ישראל. מעבר לרצון הכן של כל ישראלי להיות שייך במוצהר לעם ישראל, ולהכניס את ילדיו תחת כנפי האומה, יש כאן חשיבות בעבור הסיפור עצמו, שמתרחב ומשתכלל עם כל פה שמספר את הסיפור, עם ה'מבטא' של המְספר, בהתאם לאופי שלו, ומתוך העולם הפנימי שלו.

שְׂאִי סָבִיב עֵינַיִךְ וּרְאִי כֻּלָּם נִקְבְּצוּ בָאוּ לָךְ, בָּנַיִךְ מֵרָחוֹק יָבֹאוּ וּבְנֹתַיִךְ עַל צַד תֵּאָמַנָה. (ישעיה ס, ד)
מִי אֵלֶּה כָּעָב תְּעוּפֶינָה וְכַיּוֹנִים אֶל אֲרֻבֹּתֵיהֶם. (שם פסוק ד)
וְעַמֵּךְ כֻּלָּם צַדִּיקִים לְעוֹלָם יִירְשׁוּ אָרֶץ נֵצֶר מַטָּעַי מַעֲשֵׂה יָדַי לְהִתְפָּאֵר. (שם פסוק כא)

יהושע מילר, עורך ראשי
הוצאת קורן ירושלים

הגדה של פסח

ביעור חמץ

אור לארבעה־עשר בניסן (ואם חל בשבת – אור לשלושה־עשר) בודקין את החמץ לאור הנר.

לפני הבדיקה מברכים:

הִנְנִי מוּכָן וּמְזֻמָּן לְקַיֵּם מִצְוַת עֲשֵׂה וְלֹא תַעֲשֶׂה שֶׁל בְּדִיקַת חָמֵץ
לְשֵׁם יִחוּד קֻדְשָׁא בְּרִיךְ הוּא וּשְׁכִינְתֵּהּ עַל יְדֵי הַהוּא טָמִיר וְנֶעְלָם בְּשֵׁם כָּל יִשְׂרָאֵל.
וִיהִי נֹעַם אֲדֹנָי אֱלֹהֵינוּ עָלֵינוּ, וּמַעֲשֵׂה יָדֵינוּ כּוֹנְנָה עָלֵינוּ, וּמַעֲשֵׂה יָדֵינוּ כּוֹנְנֵהוּ: תהלים צ

בָּרוּךְ אַתָּה יהוה אֱלֹהֵינוּ מֶלֶךְ הָעוֹלָם
אֲשֶׁר קִדְּשָׁנוּ בְּמִצְוֹתָיו וְצִוָּנוּ עַל בִּעוּר חָמֵץ.

אחר הבדיקה אומר:

כָּל חֲמִירָא וַחֲמִיעָא דְּאִכָּא בִרְשׁוּתִי
דְּלָא חֲמִתֵּהּ וּדְלָא בִעַרְתֵּהּ
לִבְטִיל וְלֶהֱוֵי הֶפְקֵר כְּעַפְרָא דְאַרְעָא.

ערב פסח שחרית, בשעה החמישית של היום, שורפים את החמץ.

לפני שריפת החמץ אומר:

הִנְנִי מוּכָן וּמְזֻמָּן לְקַיֵּם מִצְוַת עֲשֵׂה וְלֹא תַעֲשֶׂה שֶׁל שְׂרֵפַת חָמֵץ
לְשֵׁם יִחוּד קֻדְשָׁא בְּרִיךְ הוּא וּשְׁכִינְתֵּהּ עַל יְדֵי הַהוּא טָמִיר וְנֶעְלָם בְּשֵׁם כָּל יִשְׂרָאֵל.
וִיהִי נֹעַם אֲדֹנָי אֱלֹהֵינוּ עָלֵינוּ, וּמַעֲשֵׂה יָדֵינוּ כּוֹנְנָה עָלֵינוּ, וּמַעֲשֵׂה יָדֵינוּ כּוֹנְנֵהוּ: תהלים צ

אחרי שריפת החמץ מבטלו בלבו ואומר:

כָּל חֲמִירָא וַחֲמִיעָא דְּאִכָּא בִרְשׁוּתִי
דַּחֲמִתֵּהּ וּדְלָא חֲמִתֵּהּ, דְּבִעַרְתֵּהּ וּדְלָא בִעַרְתֵּהּ
לִבְטִיל וְלֶהֱוֵי הֶפְקֵר כְּעַפְרָא דְאַרְעָא.

עירוב תבשילין

בחוץ לארץ, אם חל ערב פסח ביום רביעי, עושים עירוב תבשילין.

נוטלים מצה ותבשיל ואומרים (רמב״ם, יום טוב פ״ו ה״ח; טור ושו״ע, או״ח תקכו):

ומברך: **בָּרוּךְ אַתָּה יהוה אֱלֹהֵינוּ מֶלֶךְ הָעוֹלָם**
אֲשֶׁר קִדְּשָׁנוּ בְּמִצְוֹתָיו וְצִוָּנוּ עַל מִצְוַת עֵרוּב.

ואומר: **בְּדֵין עֵרוּבָא יְהֵא שְׁרֵא לָנָא לְמֵיפָא וּלְבַשָּׁלָא**
וּלְאַטְמָנָא וּלְאַדְלָקָא שְׁרָגָא וּלְמֶעְבַּד כָּל צָרְכָּנָא
מִיּוֹמָא טָבָא לְשַׁבְּתָא לָנוּ וּלְכָל יִשְׂרָאֵל הַדָּרִים בָּעִיר
הַזֹּאת.

בתמונה: אפיית מצות בגונדר, אתיופיה 2005

מרור
פסח
ISRAEL
חזרת

מנהגי קערת הסדר

בקהילות רבות מצפון אפריקה נהגו לסבב את קערת הסדר מעל ראשיהם של כל הנוכחים , ואומרים: "בִּבְהִילוּ יצאנו ממצרים - לשנה הבאה בירושלים; בִּבְהִילוּ יצאנו ממצרים, הא לחמא עניא בני חורין". ויש קהילות שבהן נוהגים לעשות זאת אחרי הקידוש.

ייתכן שמנהג זה מתקשר לאחת המשמעויות של המילה 'פסח'. בכמה מקומות בתנ"ך פסיחה איננה דילוג מעל משהו אלא היא שהייה או ריחוף מעל משהו. בלילה זה הקב"ה שהה מעל כל בתי בני ישראל במצרים, כן אנו במרוצת הדורות בליל הסדר חשים את רוח ה' המרחפת מעלינו ומעל בני משפחותינו. יש מסבירים שהמנהג משקף את עמוד הענן, שאף הוא ריחף מעל ראשי ההולכים במדבר.

בחסידות חב"ד מקפידים שתהיה קערת סדר אישית לכל אחד מבני המשפחה, לעתים אף לקטנים, במקום קערה אחת סמלית לכולם.

ייתכן שבחב"ד יש לקערת הסדר אופי תכליתי יותר, ולפיו כל אחד מן המסובים משתמש בתכולתה של הקערה. זאת לעומת המנהג לשים קערה אחת, שהוא סמלי יותר.

בחסידות חב"ד מניחים על שולחן הסדר שלוש מצות קעורות, מעין כלי קיבול, ומפסיקים בין מצה למצה במפה.

שלוש המצות הן כנגד כוהן, לוי וישראל: התחתונה היא של ישראל, מעליה של הלוי ומעליה של הכוהן. הרבי מלובביץ' הביא טעמים נוספים: שלוש המצות רומזות לשלוש סאין קמח סולת שביקש אברהם אבינו משרה להכין למלאכים שבאו לבקרו; בשלוש המצות יש זכר לשלושה הררי עולם – אברהם, יצחק ויעקב.

בקהילות לוב וגרוזיה מניחים בקערה ביצים כמניין הנפשות בבית, ולאישה בהיריון מייחדים שתי ביצים. גם בקהילות פולין מקפידים לאכול ביצים.

ליל הסדר חל באותו היום בשבוע שבו חלים שבעה־עשר בתמוז ותשעה באב. צומות המציינים חורבן עתידים להפוך לימי שמחה על השלמת הגאולה, וכל עוד אנו יושבים בחג המציין את הגאולה הראשונה ואנו חסרי ודאות באשר לזמנה של הגאולה האחרונה, ראוי לציין זאת באכילת מאכל אבלות, ביצים. ובליל הסדר אכילת הביצים מזכירה לנו, שאומנם נגאלנו ממצרים אך טרם הגענו אל הגאולה השלמה.

שחזור של ליל הסדר כמנהג יוצאי תימן

קדש / ורחץ / כרפס / יחץ
מגיד / רחצה / מוציא מצה
מרור / כורך / שלחן עורך
צפון / ברך / הלל / נרצה

בקהילות תימן אין קערת סדר אלא מעטרים את השולחן כולו בירק סביב, ובמרכזו מניחים את שאר מאכלי הסדר.

פסח הוא חג האביב, והזיקה בין החג של לידת העם לעונה שבה הטבע מתחיל לפקוח עיניים, מהותית כל כך ביהדות עד שהפכה להיות העוגן של לוח השנה העברי בלוח השנה השמשי. בעונה זו יש תזמורת של צמיחה והמלטות, ובהקשר הלאומי שלנו – זכייה בתואר 'עם'. לצד תואר זה – תפקיד, משימה בעלת זיקה לאומות העולם ולטבע בכללותו.

בקהילות אשכנז רבות אבות המשפחה נוהגים ללבוש 'קיטל', חלוק לבן, בליל הסדר.
גם רבים מיוצאי צפון אפריקה נוהגים ללבוש גלימות לבנות ארוכות בליל הסדר.

את ה'קיטל' נוהגים בני קהילות אשכנז ללבוש בעוד שלוש הזדמנויות: חזן ביום כיפור; מוהל בברית מילה; וחתן בשעת החופה. בשלושתן קיימת זיקה לתענית – יום כיפור הוא הצום היחיד המוזכר בתורה; בערב פסח מנהג בכורות לצום מהבוקר עד לשתיית כוס הברכה בליל הסדר; וחתן בערב חופתו נוהג לצום מהבוקר עד לשתיית כוס הברכה עם רעייתו מתחת לחופה. מעמדים אלה – מהותם כריתת ברית, וראוי לגשת אל ברית מתוך זיכרון אישי, פיכחות וטהרה, ואלה מסומלים בחלוק לבן ונקי. רצפון אפריקה נהגו ללבוש גלימות לבנות שהן לבוש פאר המסמל חירות.

בקהילות רבות נוהגים לחלק לילדים ממתקים ומתנות בליל הסדר.

בתקופת המשנה רבי עקיבא היה נוהג לחלק לילדים אגוזים וממתקים כדי שיישארו ערים בליל הסדר. עד היום רבים נוהגים לחלק לילדים ממתקים וצעצועים בערב פסח ובמהלך ליל הסדר, כדי שיישארו קשובים ויספגו את המורשת הלאומית שאנו מבקשים להוריש להם.

קדש

מוזגים כוס ראשון, נוטלו ביד ימינו ומקדש (בשבת מוסיפים את המילים בסוגריים):

הִנְנִי מוּכָן וּמְזֻמָּן לְקַיֵּם מִצְוַת כּוֹס רִאשׁוֹן מֵאַרְבַּע כּוֹסוֹת
לְשֵׁם יִחוּד קֻדְשָׁא בְּרִיךְ הוּא וּשְׁכִינְתֵּהּ עַל יְדֵי הַהוּא טָמִיר וְנֶעְלָם בְּשֵׁם כָּל יִשְׂרָאֵל.

בשבת אומרים:

בראשית א (בלחש: **וַֽיְהִי־עֶ֥רֶב וַֽיְהִי־בֹ֖קֶר**

בראשית ב **יֹ֥ום הַשִּׁשִּֽׁי: וַיְכֻלּ֛וּ הַשָּׁמַ֥יִם וְהָאָ֖רֶץ וְכָל־צְבָאָֽם: וַיְכַ֤ל אֱלֹהִים֙ בַּיֹּ֣ום הַשְּׁבִיעִ֔י**
מְלַאכְתֹּ֖ו אֲשֶׁ֣ר עָשָׂ֑ה, וַיִּשְׁבֹּת֙ בַּיֹּ֣ום הַשְּׁבִיעִ֔י מִכָּל־מְלַאכְתֹּ֖ו אֲשֶׁ֥ר עָשָֽׂה:
וַיְבָ֤רֶךְ אֱלֹהִים֙ אֶת־יֹ֣ום הַשְּׁבִיעִ֔י, וַיְקַדֵּ֖שׁ אֹתֹ֑ו, כִּ֣י בֹ֤ו שָׁבַת֙ מִכָּל־מְלַאכְתֹּ֔ו,
אֲשֶׁר־בָּרָ֥א אֱלֹהִ֖ים, לַעֲשֹֽׂות.)

סברי מרנן

בָּרוּךְ אַתָּה יהוה אֱלֹהֵינוּ מֶלֶךְ הָעוֹלָם, בּוֹרֵא פְּרִי הַגָּפֶן.

בָּרוּךְ אַתָּה יהוה אֱלֹהֵינוּ מֶלֶךְ הָעוֹלָם, אֲשֶׁר בָּחַר
בָּנוּ מִכָּל עָם, וְרוֹמְמָנוּ מִכָּל לָשׁוֹן, וְקִדְּשָׁנוּ בְּמִצְוֹתָיו
וַתִּתֶּן לָנוּ יהוה אֱלֹהֵינוּ בְּאַהֲבָה (שַׁבָּתוֹת לִמְנוּחָה
וּ) מוֹעֲדִים לְשִׂמְחָה, חַגִּים וּזְמַנִּים לְשָׂשׂוֹן, אֶת
יוֹם (הַשַּׁבָּת הַזֶּה וְאֶת יוֹם) חַג הַמַּצּוֹת הַזֶּה
זְמַן חֵרוּתֵנוּ (בְּאַהֲבָה) מִקְרָא קֹדֶשׁ
זֵכֶר לִיצִיאַת מִצְרָיִם, כִּי בָנוּ
בָחַרְתָּ וְאוֹתָנוּ קִדַּשְׁתָּ
מִכָּל הָעַמִּים, (וְשַׁבָּת)
וּמוֹעֲדֵי קָדְשְׁךָ
(בְּאַהֲבָה וּבְרָצוֹן)
בְּשִׂמְחָה וּבְשָׂשׂוֹן הִנְחַלְתָּנוּ.
בָּרוּךְ אַתָּה יהוה, מְקַדֵּשׁ (הַשַּׁבָּת וְ) יִשְׂרָאֵל וְהַזְּמַנִּים.

ליל הסדר במיניאפוליס, ארה"ב 1915

במוצאי שבת מוסיפים:

בָּרוּךְ אַתָּה יהוה אֱלֹהֵינוּ מֶלֶךְ הָעוֹלָם, בּוֹרֵא מְאוֹרֵי הָאֵשׁ.

בָּרוּךְ אַתָּה יהוה אֱלֹהֵינוּ מֶלֶךְ הָעוֹלָם
הַמַּבְדִּיל בֵּין קֹדֶשׁ לְחֹל
בֵּין אוֹר לְחֹשֶׁךְ, בֵּין יִשְׂרָאֵל לָעַמִּים
בֵּין יוֹם הַשְּׁבִיעִי לְשֵׁשֶׁת יְמֵי הַמַּעֲשֶׂה
בֵּין קְדֻשַּׁת שַׁבָּת לִקְדֻשַּׁת יוֹם טוֹב הִבְדַּלְתָּ
וְאֶת יוֹם הַשְּׁבִיעִי מִשֵּׁשֶׁת יְמֵי הַמַּעֲשֶׂה קִדַּשְׁתָּ
הִבְדַּלְתָּ וְקִדַּשְׁתָּ אֶת עַמְּךָ יִשְׂרָאֵל בִּקְדֻשָּׁתֶךָ.
בָּרוּךְ אַתָּה יהוה הַמַּבְדִּיל בֵּין קֹדֶשׁ לְקֹדֶשׁ.

בָּרוּךְ אַתָּה יהוה אֱלֹהֵינוּ מֶלֶךְ הָעוֹלָם
שֶׁהֶחֱיָנוּ וְקִיְּמָנוּ וְהִגִּיעָנוּ לַזְּמַן הַזֶּה.

שותים בהסבת שמאל.

משפחה מעולי חבאן, תימן, מדגימה את ליל הסדר, תל אביב 1946

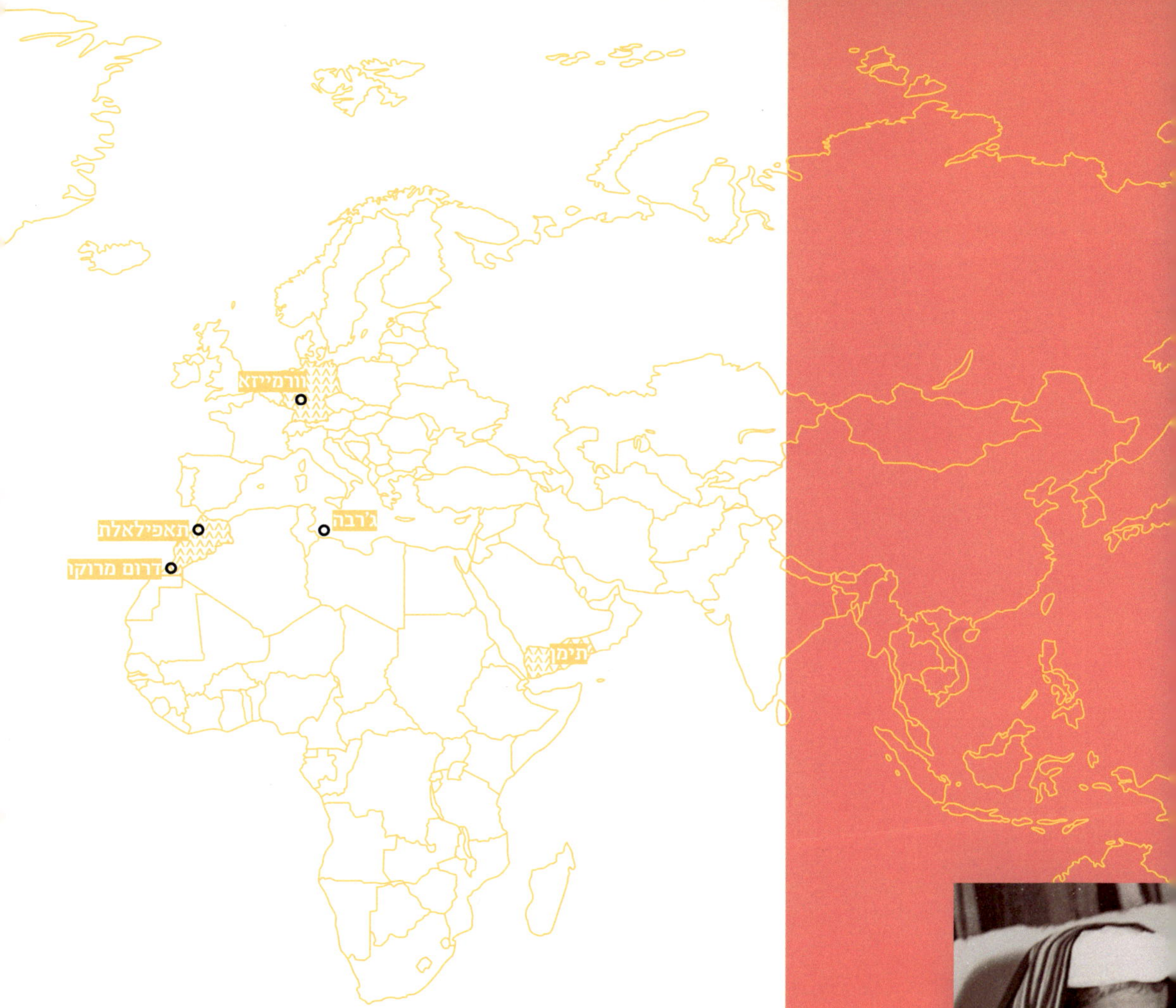

בני קהילת וורמייזא נהגו להכין גביע יין נוסף לאורחים.

כיוון שבעל הבית עומד להכריז "כל דכְפִין ייתי וייכול" ראוי להכין גביע יין נוסף לאורחים. מתוך אותה נכונות כֵּנה להכניס אורחים בלילה של אחדות, יש שנוהגים לצאת לרחוב לחפש אנשים שאין להם היכן לערוך את הסדר.

בקהילות תימן, ג'רבה, דרום מרוקו ותאפילאלת נוהגים לשלב פיוט ארוך ("תרומה הבדילנו") בברכת הקידוש. פיוט זה מופיע כבר בסידור רב סעדיה גאון.

ורחץ

מביאים לבעל הבית מים, נוטל ידיו ואינו מברך.

כרפס

נוטל מן הכרפס פחות מכזית, טובלו במי מלח או בחומץ ומברך
(מכוון לפטור בברכה זו גם את המרור):

בָּרוּךְ אַתָּה יהוה, אֱלֹהֵינוּ מֶלֶךְ הָעוֹלָם
בּוֹרֵא פְּרִי הָאֲדָמָה.

אוכלים בלי הסבה ונותן למסובים.

יחץ

מחלק את המצה האמצעית לשני חלקים.
מצפין את החלק הגדול לאפיקומן,
ומחזיר את החלק הקטן לבין שתי המצות השלמות.

בחלק מהקהילות ה'כרפס' הוא סלרי, ובאחרות – פטרוזיליה. בקהילות אשכנז אוכלים תפוח אדמה מבושל, צנון או בצל, ויש האוכלים שומר. בקהילות כורדיסטן נוהגים לטבול את הכרפס במיץ לימון. בקהילות תימן נוהגים כדעת הרמב"ם – לקחת מן הכרפס כזית ויותר ולטבלו בחרוסת מדוללת ביין.

הכרפס מעורר תיאבון, מרגיע את הבטן לקראת 'מגיד' והוא ירק ניטרלי טבול בנוזל מלוח, חמוץ או מתוק. ייתכן שריבוי המנהגים שבכרפס הוא התמצית, או התקציר, של סיפור ההגדה המתחיל בגלות ומסתיים ביציאה לחירות. אלא שבתקציר הכול קורה ביחד, וכמו בחוויות עוצמתיות במציאות הכול מעורבב והחוויה הראשונית היא של בהלה ובלבול. רק בקריאת ההגדה בליל הסדר מפרקים את החוויה לגורמים כדי להבחין בשלביה השונים. כלי זה להבחנה בשלבים השונים יכול להיות לנו לעזר בחוויות שמנקודת מבטנו הן מעורבבות ומבלבלות אך בעלות פוטנציאל להיות עוצמתיות ומעשירות.

יש הנוהגים לשבור את המצה כך שהשברים יצאו בצורת האותיות וא"ו ודל"ת.

בחסידות חב"ד שוברים את המצה האמצעית לחמישה חלקים, והחצייה עצמה נעשית תחת כיסוי המצות, כך שאינה נראית לעין הנוכחים. את האפיקומן מסתירים בין כריות ההסבה.

השם 'צפון' חל לא רק על חתיכת המצה ששמורה לסוף הסעודה, אלא גם על עצם השבירה של המצה. למרבה הפלא, 'שבירה' ביהדות מבטאת שני דברים כמעט הפוכים – חורבן ואובדן בהריסת דבר שלם, וכן התחדשות ומקוריות בעובדה שנוצרים בכל שבירה קווי חצייה ייחודיים שאינם ניתנים לתכנון מראש או לחיקוי. נדמה שבסיפור הגאולה האישי והלאומי שלנו גם האובדן וגם ההתחדשות נקבעים מפי מרום בלא ידיעתנו.

יוצאי מרוקו נוהגים לומר כאן קטע בלשון הערבית המקביל בין חציית המצה לחציית ים סוף ביציאת מצרים, ונושאים תפילה על הגאולה.

האם מתאים להזכיר את סוף הגאולה, קריעת הים, עוד לפני תחילת ה'מגיד' והסיפור המתחיל בעבדות? ואולי נכון להצביע על המסגרת שנוצרת ב'יחץ'. השבר הקטן נשאר גלוי על גבי השולחן, הוא החלק שגלוי במהלך סיפור יציאת מצרים. את השבר הגדול נזכה לגלות רק בסוף, אחרי הסיפור ואחרי אכילת המצה והסעודה. את החלק הקטן אנחנו אוכלים כלחם עוני, זוהי המצה שאנו אוכלים בפעם הראשונה לאחר שנה, בעודנו רעבים אחרי ה'מגיד', בחיפזון וממקום נפשי נזקק. את החלק הגדול אנחנו אוכלים בסוף הסעודה, על השובע, אחרי אכילת מצה וכשאנו שמחים ודשנים, עם הפריבילגיה לאכול מצה המעוררת זיכרון של ישועה, שה' הציל אותנו בעת נשיאת עינינו אליו – 'לחם אמונה'. והפלא הגדול הוא שאלה שני שברים של אותה המצה השלמה. השאיפה היא לחיות באמונה בשעת עוני ולהתחבר לזיכרון העוני בשעת רוויה.

ליל הסדר, בוכרה, שנה לא ידועה

מנהגי האפיקומן

מנהגי האפיקומן – הצפנתו, חטיפתו, חיפושו – רווחים מאוד בקהילות ישראל, והם חלק עיקרי בחוויית ליל הסדר. מנהג עתיק זה יסודו כפי הנראה בתקופת המשנה לפני כאלפיים שנה (פסחים קט ע"א: "חוטפין מצות בלילי פסחים בשביל תינוקות שלא יישנו" שלא כרש"י שם). ומהותו להשאיר את הילדים דרוכים, ערניים וקשובים לסיפור הגאולה באמצעות יצירת התרחשות מעניינת.

ייתכן שיש רובד עומק במנהגים אלה – המעשה הפשוט של חציית מאכל והטמנתו לזמן מאוחר יותר הוא מעשה האופייני לאדם עני, החושש שמא לא ימצא אוכל בעתיד. לאדם כזה אין צורך בטקסיות של מאכלים שלמים, כי הוא עסוק בהישרדות, האוכל מעניין אותו רק כי הוא צריך לשרוד. לעומת זאת, בליל פסח מי שמטמין ומי שלבסוף יוציא את המצה הוא אמנם אותו אדם, אך ממצב נפשי שונה בתכלית. בסמוך להצפנה יש הזמנה לרעבים להצטרף לסעודה, רעבים באמת שיזכירו לנוכחים איך נראה אדם שזקוק לאוכל רק כדי לשרוד. לעומת זאת, במציאת המצה בסיום הסעודה החגיגית, לאחר סיפור חלק הגאולה בהגדה ותחילת אמירת ההלל, המצה נאכלת על השובע בהסבה טקסית, אכילה מיותרת שאינה נצרכת. משל לעשיר שאחרי כל סעודה מפוארת היה מבקש לקנח בשברי קרקרים, שהיה שומר לעצמו בקנאות בהיותו עני דלפון, וזאת כדי שיוכל לזכור מאין בא ולהיכן ה' רומם אותו. כן אנחנו בליל הסדר נזכרים בדלותנו שהייתה בראשונה, ומכירים בחסד ה' שהביאנו להיות בני חורין. עומק הצער על מציאות של אביונות הופכת לשיא של שמחה על רוב ברכה, וצער ושמחה אלו נחווים כאחד ומגבירים זה את זה מפאת הקוטביות שבהם.

קוטביות זו קיימת בעוד מקומות בליל הסדר – אנו מטבילים את הירק ב'כרפס' במים מלוחים ואת המרור בחרוסת מתוקה, ואת זה ואת זה פוטרים באותה ברכת 'האדמה', ובכך מערבים במכוון בין דמעות של עצב ודמעות של צהלה. בניגוד לעמים אחרים המציינים את ראשיתם בניצחון כביר במלחמה או ביצירת הסכם מלכד בין גיבורים בעלי חוסן, עם ישראל מדגיש דווקא את ראשית לאומיותו בתור עם של עבדים, ובוחר להעלות על השולחן לחם עוני ומרור. ואולי זהו סוד חוסננו, שאנו מבינים שקיומנו תלוי בישועה ממרום ולא בכוחנו ובעוצם ידינו, ושאנחנו יודעים מהו מצב של דלות ושל חוסר כול, ולכן אנו מזדהים עם הרעבים וחובה עלינו להזמינם לשולחננו, גם בשעה שהוא ערוך בכל טוב. לעומת זאת, עמים אחרים בוטחים בחילם וחוגגים את תקומתם העוצמתית, וממילא בחלוף עוצמה זו ייעלם העם.

גם בסיפור הלאומי־הכללי שלנו וגם בסיפורם האישי של רבים מגיבורי עמנו הראשית היא מגונה, דלה וירודה, אך ההמשך משובח ומפואר. למשל, שושלת המלוכה של יהודה בנו של יעקב, שראשיתו בקשר מורכב בין יהודה וכלתו תמר; המוצא המשפחתי של פינחס הכוהן הגדול, שאמו הייתה נצר למשפחת עובדי עבודה זרה; ראשיתו של דוד הרועה שכלל לא נספר בין בני ישי, ועוד רבים מחכמי האומה, שהיו בני עניים או בני גרים. עם ההוצאה של המצה הצפונה בסוף הסעודה, עצם ההטמנה שלה מקבלת תוספת משמעות – מלבד הטמנה דלה והישרדותית של עני מלא בדאגה, יש כאן הטמנה יקרה המשמרת נכס לדור הבא. הכרה במוצא הצנוע והתלותי של האומה שלנו היא שתבטיח את חוסנה הנצחי.

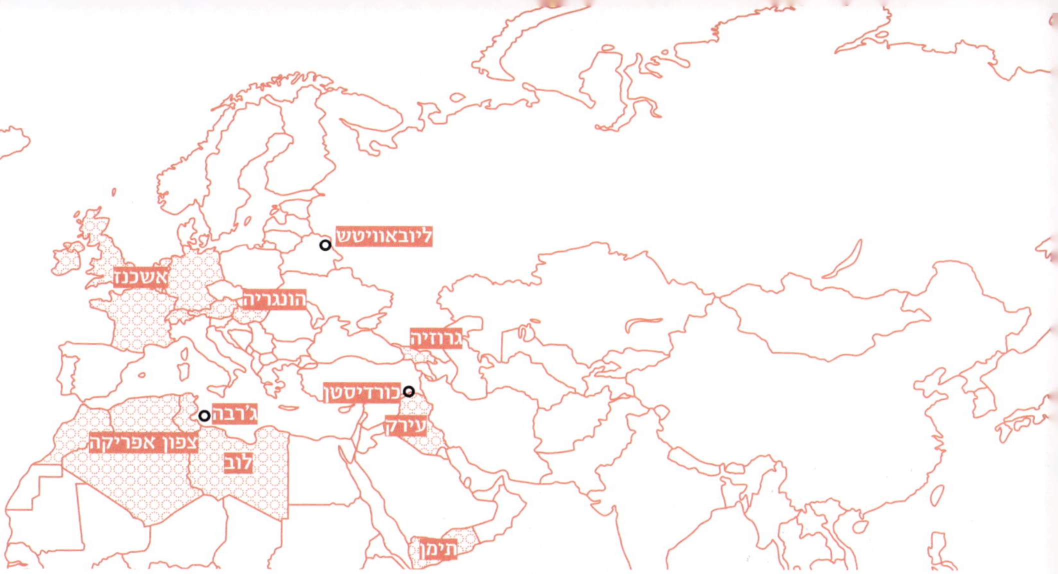

יוצאי עירק נוהגים שאבי המשפחה עוטף את האפיקומן במטפחת משי. הוא קושר אותו באלכסון על חזהו או על גבו של הילד הקטן ופוקד עליו לשומרו היטב. במשך כל זמן הסדר מנסים הנוכחים 'לגנוב' את האפיקומן מן ה'שומר' והוא מסרב להירדם או להרפות משמירתו.

במנהג זה נראה שהזהות הלאומית שלנו כעם, סיפור היווצרותנו והברית שלנו עם ה', הם מה שהאפיקומן מסמל. תפקיד השמירה על זהות זו מועבר לדור הבא, ואף שרבים העמים והצרים שינסו לטשטש את זהותנו או לדכא את רוחנו, תפקידנו להישאר דרוכים ונחושים, ולהשלים את הסיפור שהתחיל בגאולת מצרים.

יוצאי כורדיסטן נוהגים שעורך הסדר מוסר את האפיקומן דווקא למכובד שבנוכחים, ועליו למצוא דרך להדק על עצמו את האוצר הזה ולשומרו היטב.

ייתכן שיש כאן זיקה למצבים שבהם גורל עמנו או גורל חלקו הגדול היה תלוי באדם אחד – יעל אשת חבר הקיני, שעה שאויב ישראל ניצב מולה; אסתר המלכה, שעה שמרדכי בישר לה על האיום שרובץ על עמה; אלעזר המכבי, שעה שצבא יוון בדרכו לירושלים והוא מעכבו בגופו. ברגעים אלה גורל רבים תלוי במעטים, וממעטים אלה נדרש להכיר בכך שלמעשיהם יש השלכות היסטוריות כבדות משקל.

בקהילות אשכנז נוהגים שאבי המשפחה מחביא את האפיקומן בזמן ששאר הסועדים אינם מסתכלים. לאחר מכן הילדים עורכים אחריו חיפוש יסודי. המוצא זוכה לפרס כמבוקשו, או לחלופין מחזיק את האפיקומן כערובה עד שיובטח פרס לכל הילדים הנוכחים.

במהלך ההיסטוריה ואף כיום במקומות רבים בעולם היו וישנן משפחות יהודיות שהחביאו את מורשתן היהודית. עובדת היותנו עם שראשיתו דל, טיבו מוסרי (בתקופות שבהן מוסריות נתפסה כחולשה) ואופיו מהודק (בחברות שבהן קראו לערכים אוניברסליים מטשטשי מגדר ודת) היו למשפחות אלה מקור לבושה או לניכור מהסביבה, ולכן הן ביקשו לחסוך את אלה מילדיהן. במקרים רבים ענפי משפחה אלה כרתו את עצמם מעץ האומה. אך היו גם ילדי הדור הבא שאחרי שנים רבות החלו לחטט בעברם של הוריהם או של סביהם וגילו או 'חטפו' בחזרה את הזהות שנחסכה מאיתם. יש ששבו לשחק תפקיד בסיפור הלאומי, ויש שהוריהם אף האירו להם פנים על כך. במנהג זה בליל הסדר יש מתן ביטוי לאחריות של הדור הבא למשוך אליו את חלקו בברית עם ה', ולא רק של הדור הקודם להעביר לו אותו.

בתמונה: פסח בוולקה, אתיופיה 1984

בקהילות הונגריה יש הנוהגים שלאחר שהילדים גונבים את האפיקומן, המבוגרים יכולים לחזור ולגנוב אותו בחזרה, וכן הלאה עד שיידרש לאכילה בסוף הסעודה.

יוצאי לוב (ובחלק מקהילות אשכנז ותימן) נוהגים שאב המשפחה בוצע את המצה ונוטל את האפיקומן, עוטפו במפית, מניחו על כתפו וצועד לעבר פתח הבית באומרו: "זה זכר לאבותינו שיצאו ממצרים ומשארותם צרורות בשמלותיהם על כתפיהם". לאחר מכן הוא מטמין את האפיקומן בין המפה לשולחן.

יוצאי גרוזיה נוהגים למסור את האפיקומן לאחד הילדים ואז כל הילדים יוצאים מהחדר ונכנסים אליו בחזרה כפליטים ממצרים, תוך כדי מתן סימנים וטיעונים שהם אכן יהודים. המבוגרים נעמדים ומקבלים את פניהם ואז פותחים בריקוד משותף.

מנהג זה אינו יכול שלא לעורר זיכרונות לאומיים של גלויות שונות, החל מגלות מצרים, דרך גלות יוון, ספרד, רוסיה וכלה בגלויות רבות, שבהן נשארו יהודים נאמנים לזהותם על אף המאמצים להרחיק מהם כל סממן דתי. יהודים אלה החזיקו בזיכרונות ובסימנים שהיו בידם עד יעבור זעם, כדי שיוכלו לשוב יום אחד ולרקוד יחד עם בני עמם.

בקהילות מארצות צפון אפריקה, תימן ועירק נוהגים לרקוד או להציג כשהאפיקומן ארוז כ"מִשְׁאֲרֹתָם צְרֻרֹת בְּשִׂמְלֹתָם עַל שִׁכְמָם" (שמות יב, לד).

בהצגה קטנה זו ישנה הזדמנות לחוות במעט את מעשה האמונה האדיר של אבותינו ואימותנו ביציאה ממצרים. היום, בעידן השפע שבו אנו חיים, אי־אפשר לשאת את כל המזון שיש בחזקתנו על כתף אחת. עם ישראל עזב את הבית שלו ואת הביטחון שהיה לו במצרים, ובשק של מצות על גבו הוא נכנס למדבר השומם.

יוצאי כורדיסטן נוהגים שלפני אמירת הקושיות המבוגרים עורכים הצגה למסבים אל שולחן הסדר כאילו הם יצאו כעת ממצרים.

ייתכן שיש במנהג ההצגה פתרון לבעיה מובנית בליל פסח. אנחנו מעוניינים לראות את עצמנו כאילו אנחנו יצאנו בעצמנו ממצרים. כאילו אנחנו סבלנו, התייאשנו, זעקנו ונושענו בהתערבות אלוהית ישירה. אבל משום שהתיאור כבר מוכר לנו, הסיפור נשחק. לעומת זאת, מה שמתחדש בכל ליל סדר הם הילדים – במיוחד בפסח שנאכל למנויי שבו משתתפות כמה וכמה משפחות, שיכולת ההבנה וההפנמה של ילדיהם גדלה משמעותית משנה לשנה, ובשבילם המבוגרים עושים הצגה בהתלהבות ולא באדישות. באופן זה, המבוגרים חווים בעצמם את יציאת מצרים שוב, כמו שחקן על במה שמזדהה הזדהות עמוקה עם הדמות שהוא מגלם.

יוצאי ג'רבה עוברים בין הבתים עם צרור זה שבו האפיקומן ומבשרים על ביאת המשיח.

ייתכן כי אדם שחי ברמת ביטחון כה גדולה, שחווה את ליווי ה' בכל מאורעותיו ובכל אשר הוא הולך, הוא עצמו כבר חווה גאולה ונותר לו רק לבשר לאחרים שאפשר לחיות כך.

מגיד

מנהג הגבהת הקערה על ראשי המסובים, מכנס, מרוקו, 1965

מגביה את הקערה, מראה המצה הפרוסה שבין שתי השלמות ואומר:

הִנְנִי מוּכָן וּמְזֻמָּן לְקַיֵּם מִצְוַת לְסַפֵּר בִּיצִיאַת מִצְרַיִם
לְשֵׁם יִחוּד קֻדְשָׁא בְּרִיךְ הוּא וּשְׁכִינְתֵּהּ עַל יְדֵי הַהוּא טָמִיר וְנֶעֱלָם בְּשֵׁם כָּל יִשְׂרָאֵל.

הָא לַחְמָא עַנְיָא

דִּי אֲכַלוּ אֲבָהָתַנָא בְּאַרְעָא דְמִצְרָיִם
כָּל דִּכְפִין יֵיתֵי וְיֵכֻל, כָּל דִּצְרִיךְ יֵיתֵי וְיִפְסַח
הָשַׁתָּא הָכָא לַשָּׁנָה הַבָּאָה בְּאַרְעָא דְיִשְׂרָאֵל
הָשַׁתָּא עַבְדֵי לַשָּׁנָה הַבָּאָה בְּנֵי חוֹרִין.

ברבות מקהילות האשכנזים והספרדים, ובהן יוצאי עירק, מרוקו, פרס, גרוזיה, כורדיסטן, ובחסידויות השונות, נהגו לתרגם את ההגדה לשפתן המדוברת.

המתח בין אמירת ההגדה בלשון המקורית לבין אמירתה בשפה המדוברת יכול לנבוע משתי תפיסות מנוגדות שעלולות להיות לעורך סדר בן ימינו, תפיסות שמיתרגמות לחוויה בשולחן. אמירת ההגדה בלשון המקורית מחברת את היושבים בסדר הנוכחי למיליוני סדרים שנערכו במשך אלפי שנים במאות ארצות. כולם נפגשים שוב ושוב באותן המילים ורואים בעצמם עם אחד המתמיד בדרך ישרה, והבנת המילים מבחינה זו שולית. מאידך גיסא, אמירת ההגדה בשפה המדוברת מחברת את תוכן ההגדה ואת לקחיה אל לב הנוכחים במקומם הם, והם עשויים לשאוב באופן זה משמעות או מבט עומק לחייהם, איש איש לפי הבנתו. וכאילן תמיר, כן עם ישראל בליל הסדר זוקף את גזעו בקו ישר כלפי מעלה, ובה בעת שולח ענפיו לצדדים.

בקהילות פרס נוהגים להעביר את שלוש המצות בין כל מהמסובים, וכל אחד אומר עליהן את נוסח "הא לחמא עניא".

מי כמונו יודע רעב מהו. פעמים רבות כל כך במהלך ההיסטוריה שלנו היינו רעבים ללחם, לא היה לנו בית והיינו חסרי אונים, לכן אנו מסוגלים להבין את נפשו של מי שאין לו מה לאכול. עשרות פעמים בתורה אנו מצווים לזכור את האביון מפני שאנחנו בעצמנו היינו נטולי כול בשהותנו במצרים. 'מגיד' נפתח במסר מהותי בהגדה ובתודעה הלאומית שלנו – שנזכור את האביון מתוך הרווחות, שהעושר והברכה שזכינו להם לא יטשטשו את היכולת שלנו לעזור לאחינו ולהסתכל עליו בגובה העיניים, שחס ושלום לא נעניק מתוך התנשאות, בוז או שיפוט, או גרוע מכך – נתעלם כליל. עלינו להושיב אותו בשולחן כשווה בין שווים, ולהביט בעיניו כשאנו נותנים לו פרוטה. הרגע שבו כל אדם ואדם יושב בשולחן הסדר ואוחז בעצמו בלחם העוני זהו הרגע שבו הוא שב למי שהיה פעם, שב להיות עני ונואש. ומתוך זה יתגבר על חוסר הנוחות וחוסר הנעימות ויזמין אל שולחנו אדם אלמוני ובודד לחיק משפחתו וחבריו.

מוזגים כוס שני ומסלקים את הקערה, והבן שואל:

פסחים קטז.

מַה נִּשְׁתַּנָּה
הַלַּיְלָה הַזֶּה מִכָּל הַלֵּילוֹת

שֶׁבְּכָל הַלֵּילוֹת אָנוּ אוֹכְלִין חָמֵץ וּמַצָּה
הַלַּיְלָה הַזֶּה כֻּלּוֹ מַצָּה
שֶׁבְּכָל הַלֵּילוֹת אָנוּ אוֹכְלִין שְׁאָר יְרָקוֹת
הַלַּיְלָה הַזֶּה מָרוֹר
שֶׁבְּכָל הַלֵּילוֹת אֵין אָנוּ מַטְבִּילִין אֲפִילוּ פַּעַם אֶחָת
הַלַּיְלָה הַזֶּה שְׁתֵּי פְעָמִים
שֶׁבְּכָל הַלֵּילוֹת אָנוּ אוֹכְלִין בֵּין יוֹשְׁבִין וּבֵין מְסֻבִּין
הַלַּיְלָה הַזֶּה כֻּלָּנוּ מְסֻבִּין

פסח בקלגרי, קנדה 1944

מנהגי מה נשתנה:

אצל יוצאי פרס, כורדיסטן וגרוזיה נוהגים שהילד שאומר "מה נשתנה" אוחז בידו כוס יין.

המנהג דומה למקדש המגביה את גביע הקידוש בשבתות ובחגים, או לאדם המגביה את כוסו לברך את בעל שמחה. הרמת כוס יין היא פעולה המרמזת לעיקר העניין ומבארת לשם מה ההתכנסות. ואכן כאן, בראשית ה'מגיד', הילד לא רק שואל שאלה אלא אף אוחז בכוס יין, להורות על חשיבות העניין ולהדגיש ששאלותיו הן ליבו של ליל הסדר, ושברגע זה ממש הוא חי בהווה את מה שבתורה מובא כתיאור למה שיקרה בעתיד: "והיה כי ישאלך בנך" (שמות יג, יד). כעת אפוא מוטל על ההורה אף הוא להתייצב ולהיות נכון למעמד ההעברה של מורשת הגאולה של עמנו לדור הבא.

בקהילות תימן נהגו שלא הילדים הם השואלים "מה נשתנה", אלא כל המסובים שואלים יחד. אחרי "מה נשתנה" אחד הילדים אומר קטע בלשון הערבית – "מא כבר", שהוא מעין סיכום של סיפור יציאת מצרים בשפה הערבית. גם בקהילות מרוקו ובג'רבה לא הילדים הם שאומרים "מה נשתנה".

בקהילת קוצ'ין הילד מגביה את קערת ליל הסדר ואומר "מה נשתנה", וכל המסובים חוזרים אחריו בצוותא.

יוצאי לוב נהגו שבעלת הבית מסובבת את קערת הסדר מעל ראשי כל הנוכחים תוך כדי קריאת "מה נשתנה".

מנהג זה מזכיר את מנהג הכפרות בערב יום כיפור שבו ההורה מסובב מעל ראשי ילדיו תרנגולת או כסף.

מנהגים נוספים מקשרים בין שני מועדים אלה. ליל פסח הוא הזמן היחיד בשנה שבו יש מצווה מפורשת בתורה לאכול, לעומת יום כיפור שהוא היום היחיד שבו ציוותה התורה להתענות. ניסן ותשרי, החודשים שבהם חלים מועדים אלה, הם שתי התחלות של השנה היהודית ובהם גם התחדשה האומה בלידתה (ניסן) ובחזרתה בתשובה (תשרי). בשני מועדים אלה בלבד נוהגים רבים ללבוש את ה'קיטל', המעיל הלבן. כמו כן, סיום ההגדה וסיום תפילות יום כיפור נחתמים במילות השיר "לשנה הבאה בירושלים הבנויה". בשני מועדים אלה ההתעלות הרוחנית בשיאה, אחת מתבטאת בפרישות מן החומר בבית הכנסת בתפילה, והאחרת – בעולם החומרי ובהסבה לסעודה מסביב לשולחן משפחתי.

בחב"ד אומרים לפני הקושיות משפט ביידיש שתרגומו: "אבא, אשאלך ארבע קושיות". את כל הקושיות אומרים בעברית וגם ביידיש, והמסובים חוזרים בלחש על הקושיות ועל תרגומן. הראשון לשאול היה הילד הקטן ביותר, ואחריו הילדים האחרים בסדר עולה.

כמו כל טקסי ההגדה, גם שאלות "מה נשתנה" צריכות להיות מותאמות לשואל, ולא דקלום סתמי. הילדים בגילים השונים השואלים את השאלות נותנים להן גוון אחר ואישי משלהם, ובשאלותיהם מאתגרים את המבוגרים בשולחן ברובד נוסף.

בספר "בני יששכר" (ניסן ה, כא) מובא מנהג גליציאני להניח נר מיוחד לסדר, הנקרא "נר מה נשתנה" (מה נשתנה ליכט).

מלבד הצורך שהיה בימים עברו להאיר את הבית בלילה כדי לקיים סעודה, יש קשר בין הדלקת נרות במועדי ישראל להדלקה עבור נשמות של אנשים שנפטרו. הדלקת הנר לזכר אדם מסמלת כי אף שגופו אינו נמצא, האור שלו – הרושם שאופיו טבע במציאות, והנוכחות המסוימת שלו – עודם מורגשים בקרב צאצאיו ויצירותיו. כך גם במועדי ישראל – האירוע ההיסטורי היה ונגמר, אולם אורו עדיין מאיר ולקחו ממשיך לעצב את צביון האומה. כך גם בשאלת "מה נשתנה" של ילד במאה העשרים ואחת – קולו של הילד מתמזג עם קולותיהם של כל ילדי עם ישראל בכל דור ודור למן גאולתם ממצרים, שכולם פנו אל הוריהם בפנייה הייחודית האופיינית לעם היהודי הנצחי – תמיהה על מנהג אבות, ולא קבלה עיוורת או ביצוע טכני של המנהג, תמיהה שהיא עצמה מנהג אבות.

מחזירים את הקערה למקומה.
עורך הסדר מגלה את המצות ואומר:

עֲבָדִים הָיִינוּ

לְפַרְעֹה בְּמִצְרָיִם
וַיּוֹצִיאֵנוּ יהוה אֱלֹהֵינוּ מִשָּׁם
בְּיָד חֲזָקָה וּבִזְרוֹעַ נְטוּיָה.
וְאִלּוּ לֹא הוֹצִיא הַקָּדוֹשׁ בָּרוּךְ הוּא
אֶת אֲבוֹתֵינוּ מִמִּצְרַיִם
הֲרֵי אָנוּ וּבָנֵינוּ וּבְנֵי בָנֵינוּ
מְשֻׁעְבָּדִים הָיִינוּ
לְפַרְעֹה בְּמִצְרָיִם.
וַאֲפִלּוּ
כֻּלָּנוּ חֲכָמִים, כֻּלָּנוּ נְבוֹנִים, כֻּלָּנוּ זְקֵנִים
כֻּלָּנוּ יוֹדְעִים אֶת הַתּוֹרָה
מִצְוָה עָלֵינוּ לְסַפֵּר בִּיצִיאַת מִצְרָיִם
וְכָל הַמַּרְבֶּה לְסַפֵּר בִּיצִיאַת מִצְרַיִם
הֲרֵי זֶה מְשֻׁבָּח.

מַעֲשֶׂה

בְּרַבִּי אֱלִיעֶזֶר וְרַבִּי יְהוֹשֻׁעַ
וְרַבִּי אֶלְעָזָר בֶּן עֲזַרְיָה
וְרַבִּי עֲקִיבָא וְרַבִּי טַרְפוֹן
שֶׁהָיוּ מְסֻבִּין בִּבְנֵי בְרַק
וְהָיוּ מְסַפְּרִים בִּיצִיאַת מִצְרַיִם כָּל אוֹתוֹ הַלַּיְלָה
עַד שֶׁבָּאוּ תַלְמִידֵיהֶם וְאָמְרוּ לָהֶם
רַבּוֹתֵינוּ
הִגִּיעַ זְמַן קְרִיאַת שְׁמַע שֶׁל שַׁחֲרִית.

ברכות יב: אָמַר (לָהֶם) רַבִּי אֶלְעָזָר בֶּן עֲזַרְיָה
הֲרֵי אֲנִי כְּבֶן שִׁבְעִים שָׁנָה
וְלֹא זָכִיתִי שֶׁתֵּאָמֵר יְצִיאַת מִצְרַיִם בַּלֵּילוֹת

עַד שֶׁדְּרָשָׁהּ בֶּן זוֹמָא
שֶׁנֶּאֱמַר
דברים טז לְמַעַן תִּזְכֹּר אֶת־יוֹם צֵאתְךָ מֵאֶרֶץ מִצְרַיִם
כֹּל יְמֵי חַיֶּיךָ:

יְמֵי חַיֶּיךָ הַיָּמִים
כֹּל יְמֵי חַיֶּיךָ הַלֵּילוֹת.

וַחֲכָמִים אוֹמְרִים
יְמֵי חַיֶּיךָ הָעוֹלָם הַזֶּה
כֹּל יְמֵי חַיֶּיךָ לְהָבִיא לִימוֹת הַמָּשִׁיחַ.

סדר פסח של חיילים יהודים מצבא בעלות הברית, מלחמת העולם השנייה

בָּרוּךְ הַמָּקוֹם, בָּרוּךְ הוּא
בָּרוּךְ שֶׁנָּתַן תּוֹרָה לְעַמּוֹ יִשְׂרָאֵל
בָּרוּךְ הוּא

מכילתא
מסכתא דפסחא
פרשה יח
ירושלמי
פסחים י, ד

כְּנֶגֶד אַרְבָּעָה בָּנִים דִּבְּרָה תוֹרָה
אֶחָד חָכָם
וְאֶחָד רָשָׁע
וְאֶחָד תָּם
וְאֶחָד שֶׁאֵינוֹ יוֹדֵעַ לִשְׁאוֹל

חָכָם

מַה הוּא אוֹמֵר

דברים ו

מָה הָעֵדֹת וְהַחֻקִּים וְהַמִּשְׁפָּטִים
אֲשֶׁר צִוָּה יהוה אֱלֹהֵינוּ אֶתְכֶם:

פסחים קיט:

וְאַף אַתָּה אֱמָר לוֹ כְּהִלְכוֹת הַפֶּסַח
אֵין מַפְטִירִין אַחַר הַפֶּסַח אֲפִיקוֹמָן.

ילדים בליל הסדר בבית הילדים 'אהבה' בברלין, גרמניה, שנות ה־30

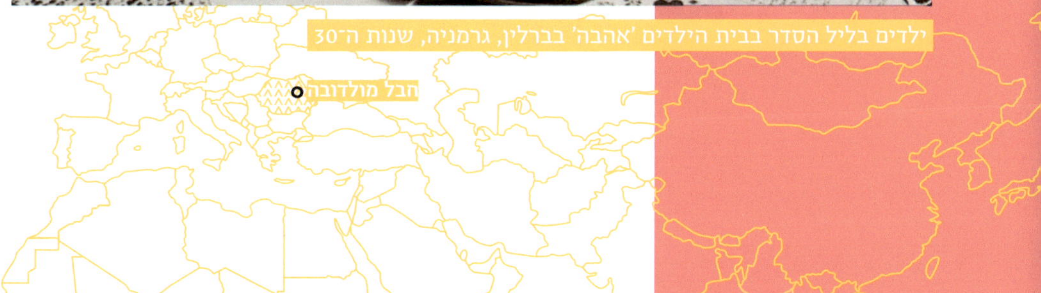

יוצאי חבל מולדובה שברומניה נוהגים בחלקם למנות את הילד הקטן בשולחן לקרוא את החלק של החכם ואת הגדול לקרוא את החלק של הבן שאינו יודע לשאול, לפי סדר עולה.

ייתכן שיש כאן קריאה הפוכה מפשט כינויי הבנים. אין כאן בנים שונים, אלא שלבים ביחס של הילד אל סיפור הגאולה. תחילה הבן בעל ביטחון, וחושב שהוא חכם ויודע הכול על מורשת עמו, והוא אינו שם לב שבשאלתו הוא אינו מכליל את עצמו בנגאלים. לאחר מכן הוא חייב לכפור במי שהוא היה לפחות כדי להיות מודע לכך שהוא בחוץ. רק אז הוא יכול לשאול שאלה פתוחה בקשב אמיתי. ולבסוף מרוב פליאה הוא אפילו אינו מעז לשאול. בפה פעור הוא מתגמד אל מול הסיפור הנִסי של עמנו.

רָשָׁע

מַה הוּא אוֹמֵר

מָה הָעֲבֹדָה הַזֹּאת לָכֶם: שמות יב

לָכֶם וְלֹא לוֹ

וּלְפִי שֶׁהוֹצִיא אֶת עַצְמוֹ מִן הַכְּלָל כָּפַר בָּעִקָּר

וְאַף אַתָּה הַקְהֵה אֶת שִׁנָּיו, וֶאֱמָר לוֹ

בַּעֲבוּר זֶה עָשָׂה יהוה לִי בְּצֵאתִי מִמִּצְרָיִם: שמות יג

לִי וְלֹא לוֹ

אִלּוּ הָיָה שָׁם, לֹא הָיָה נִגְאָל.

תָּם

מַה הוּא אוֹמֵר

מַה־זֹּאת שמות יג

וְאָמַרְתָּ אֵלָיו

בְּחֹזֶק יָד הוֹצִיאָנוּ יהוה מִמִּצְרַיִם מִבֵּית עֲבָדִים:

וְשֶׁאֵינוֹ יוֹדֵעַ לִשְׁאוֹל

אַתְּ פְּתַח לוֹ
שֶׁנֶּאֱמַר
וְהִגַּדְתָּ לְבִנְךָ בַּיּוֹם הַהוּא לֵאמֹר
בַּעֲבוּר זֶה עָשָׂה יהוה לִי בְּצֵאתִי מִמִּצְרָיִם:

שמות יג

וְהִגַּדְתָּ לְבִנְךָ
יָכוֹל מֵרֹאשׁ חֹדֶשׁ
תַּלְמוּד לוֹמַר:
בַּיּוֹם הַהוּא
אִי בַּיּוֹם הַהוּא יָכוֹל מִבְּעוֹד יוֹם
תַּלְמוּד לוֹמַר:
בַּעֲבוּר זֶה
בַּעֲבוּר זֶה לֹא אָמַרְתִּי
אֶלָּא
בְּשָׁעָה שֶׁיֵּשׁ מַצָּה וּמָרוֹר מֻנָּחִים לְפָנֶיךָ.

מכילתא
מסכתא דפסחא
פרשה יז

מְתְחִלָּה

עוֹבְדֵי עֲבוֹדָה זָרָה הָיוּ אֲבוֹתֵינוּ

וְעַכְשָׁו

קֵרְבָנוּ הַמָּקוֹם לַעֲבוֹדָתוֹ

שֶׁנֶּאֱמַר

וַיֹּאמֶר יְהוֹשֻׁעַ אֶל־כָּל־הָעָם יהושע כד
כֹּה־אָמַר יהוה אֱלֹהֵי יִשְׂרָאֵל
בְּעֵבֶר הַנָּהָר יָשְׁבוּ אֲבוֹתֵיכֶם מֵעוֹלָם
תֶּרַח אֲבִי אַבְרָהָם וַאֲבִי נָחוֹר
וַיַּעַבְדוּ אֱלֹהִים אֲחֵרִים:
וָאֶקַּח אֶת־אֲבִיכֶם אֶת־אַבְרָהָם מֵעֵבֶר הַנָּהָר
וָאוֹלֵךְ אוֹתוֹ בְּכָל־אֶרֶץ כְּנָעַן
וָאַרְבֶּ אֶת־זַרְעוֹ
וָאֶתֶּן־לוֹ אֶת־יִצְחָק:
וָאֶתֵּן לְיִצְחָק אֶת־יַעֲקֹב וְאֶת־עֵשָׂו
וָאֶתֵּן לְעֵשָׂו אֶת־הַר שֵׂעִיר לָרֶשֶׁת אוֹתוֹ
וְיַעֲקֹב וּבָנָיו יָרְדוּ מִצְרָיִם:

בָּרוּךְ שׁוֹמֵר הַבְטָחָתוֹ לְיִשְׂרָאֵל

בָּרוּךְ הוּא
שֶׁהַקָּדוֹשׁ בָּרוּךְ הוּא חִשַּׁב אֶת הַקֵּץ
לַעֲשׂוֹת כְּמָה שֶׁאָמַר לְאַבְרָהָם אָבִינוּ בִּבְרִית בֵּין הַבְּתָרִים
שֶׁנֶּאֱמַר

בראשית טו

וַיֹּאמֶר לְאַבְרָם יָדֹעַ תֵּדַע כִּי־גֵר יִהְיֶה זַרְעֲךָ
בְּאֶרֶץ לֹא לָהֶם
וַעֲבָדוּם וְעִנּוּ אֹתָם אַרְבַּע מֵאוֹת שָׁנָה:
וְגַם אֶת־הַגּוֹי אֲשֶׁר יַעֲבֹדוּ דָּן אָנֹכִי
וְאַחֲרֵי־כֵן יֵצְאוּ בִּרְכֻשׁ גָּדוֹל:

מכסה את המצות, אוחז את הכוס ואומר:

וְהִיא

שֶׁעָמְדָה לַאֲבוֹתֵינוּ וְלָנוּ
שֶׁלֹּא אֶחָד בִּלְבָד עָמַד עָלֵינוּ לְכַלּוֹתֵנוּ
אֶלָּא שֶׁבְּכָל דּוֹר וָדוֹר עוֹמְדִים עָלֵינוּ לְכַלּוֹתֵנוּ
וְהַקָּדוֹשׁ בָּרוּךְ הוּא מַצִּילֵנוּ מִיָּדָם

מניח את הכוס ומגלה את המצות.

צֵא וּלְמַד

מַה בִּקֵּשׁ לָבָן הָאֲרַמִּי
לַעֲשׂוֹת לְיַעֲקֹב אָבִינוּ
שֶׁפַּרְעֹה לֹא גָזַר
אֶלָּא עַל הַזְּכָרִים
וְלָבָן בִּקֵּשׁ לַעֲקֹר אֶת הַכֹּל

שֶׁנֶּאֱמַר

דברים כו

אֲרַמִּי אֹבֵד אָבִי וַיֵּרֶד מִצְרַיְמָה
וַיָּגָר שָׁם בִּמְתֵי מְעָט
וַיְהִי־שָׁם לְגוֹי גָּדוֹל עָצוּם וָרָב:

וַיֵּרֶד מִצְרַיְמָה

ספרי דברים פיסקא שא

אָנוּס עַל פִּי הַדִּבּוּר

וַיָּגָר שָׁם

מְלַמֵּד שֶׁלֹּא יָרַד יַעֲקֹב אָבִינוּ
לְהִשְׁתַּקֵּעַ בְּמִצְרַיִם, אֶלָּא לָגוּר שָׁם
שֶׁנֶּאֱמַר

בראשית מז

וַיֹּאמְרוּ אֶל־פַּרְעֹה לָגוּר בָּאָרֶץ בָּאנוּ
כִּי־אֵין מִרְעֶה לַצֹּאן אֲשֶׁר לַעֲבָדֶיךָ
כִּי־כָבֵד הָרָעָב בְּאֶרֶץ כְּנָעַן
וְעַתָּה יֵשְׁבוּ־נָא עֲבָדֶיךָ בְּאֶרֶץ גֹּשֶׁן:

ליל הסדר הראשון במחנה העקורים לאחר השחרור, לנדסברג גרמניה, 1946

בִּמְתֵי מְעָט

כְּמָה שֶׁנֶּאֱמַר

בְּשִׁבְעִים נֶפֶשׁ יָרְדוּ אֲבֹתֶיךָ מִצְרָיְמָה דברים י

וְעַתָּה שָׂמְךָ יהוה אֱלֹהֶיךָ כְּכוֹכְבֵי הַשָּׁמַיִם לָרֹב:

וַיְהִי־שָׁם לְגוֹי

מְלַמֵּד שֶׁהָיוּ יִשְׂרָאֵל מְצֻיָּנִים שָׁם

גָּדוֹל עָצוּם

כְּמָה שֶׁנֶּאֱמַר

וּבְנֵי יִשְׂרָאֵל פָּרוּ וַיִּשְׁרְצוּ שמות א

וַיִּרְבּוּ וַיַּעַצְמוּ בִּמְאֹד מְאֹד

וַתִּמָּלֵא הָאָרֶץ אֹתָם:

וָרָב

כְּמָה שֶׁנֶּאֱמַר

רְבָבָה כְּצֶמַח הַשָּׂדֶה נְתַתִּיךְ יחזקאל טז

וַתִּרְבִּי וַתִּגְדְּלִי, וַתָּבֹאִי בַּעֲדִי עֲדָיִים

שָׁדַיִם נָכֹנוּ וּשְׂעָרֵךְ צִמֵּחַ, וְאַתְּ עֵרֹם וְעֶרְיָה:

ויש מוסיפים:

וָאֶעֱבֹר עָלַיִךְ וָאֶרְאֵךְ מִתְבּוֹסֶסֶת בְּדָמָיִךְ

וָאֹמַר לָךְ בְּדָמַיִךְ חֲיִי וָאֹמַר לָךְ בְּדָמַיִךְ חֲיִי:

וַיָּרֵעוּ אֹתָנוּ הַמִּצְרִים וַיְעַנּוּנוּ
וַיִּתְּנוּ עָלֵינוּ עֲבֹדָה קָשָׁה: דברים כו

וַיָּרֵעוּ אֹתָנוּ הַמִּצְרִים

כְּמָה שֶׁנֶּאֱמַר
הָבָה נִתְחַכְּמָה לוֹ, פֶּן־יִרְבֶּה שמות א
וְהָיָה כִּי־תִקְרֶאנָה מִלְחָמָה
וְנוֹסַף גַּם־הוּא עַל־שֹׂנְאֵינוּ וְנִלְחַם־בָּנוּ
וְעָלָה מִן־הָאָרֶץ:

וַיְעַנּוּנוּ

כְּמָה שֶׁנֶּאֱמַר
וַיָּשִׂימוּ עָלָיו שָׂרֵי מִסִּים לְמַעַן עַנֹּתוֹ בְּסִבְלֹתָם שמות א
וַיִּבֶן עָרֵי מִסְכְּנוֹת לְפַרְעֹה
אֶת־פִּתֹם וְאֶת־רַעַמְסֵס:

וַיִּתְּנוּ עָלֵינוּ עֲבֹדָה קָשָׁה

כְּמָה שֶׁנֶּאֱמַר
וַיַּעֲבִדוּ מִצְרַיִם אֶת־בְּנֵי יִשְׂרָאֵל בְּפָרֶךְ: שמות א

דברים כו

וַנִּצְעַק אֶל־יהוה אֱלֹהֵי אֲבֹתֵינוּ
וַיִּשְׁמַע יהוה אֶת־קֹלֵנוּ
וַיַּרְא אֶת־עָנְיֵנוּ וְאֶת־עֲמָלֵנוּ וְאֶת־לַחֲצֵנוּ:

וַנִּצְעַק אֶל־יהוה אֱלֹהֵי אֲבֹתֵינוּ

כְּמָה שֶׁנֶּאֱמַר

שמות ב

וַיְהִי בַיָּמִים הָרַבִּים הָהֵם
וַיָּמָת מֶלֶךְ מִצְרַיִם
וַיֵּאָנְחוּ בְנֵי־יִשְׂרָאֵל מִן־הָעֲבֹדָה
וַיִּזְעָקוּ
וַתַּעַל שַׁוְעָתָם אֶל־הָאֱלֹהִים מִן־הָעֲבֹדָה:

וַיִּשְׁמַע יהוה אֶת־קֹלֵנוּ

כְּמָה שֶׁנֶּאֱמַר

שמות ב

וַיִּשְׁמַע אֱלֹהִים אֶת־נַאֲקָתָם
וַיִּזְכֹּר אֱלֹהִים אֶת־בְּרִיתוֹ
אֶת־אַבְרָהָם אֶת־יִצְחָק וְאֶת־יַעֲקֹב:

וַיַּרְא אֶת־עָנְיֵנוּ

זוֹ פְּרִישׁוּת דֶּרֶךְ אֶרֶץ
כְּמָה שֶׁנֶּאֱמַר

שמות ב

וַיַּרְא אֱלֹהִים אֶת־בְּנֵי יִשְׂרָאֵל, וַיֵּדַע אֱלֹהִים:

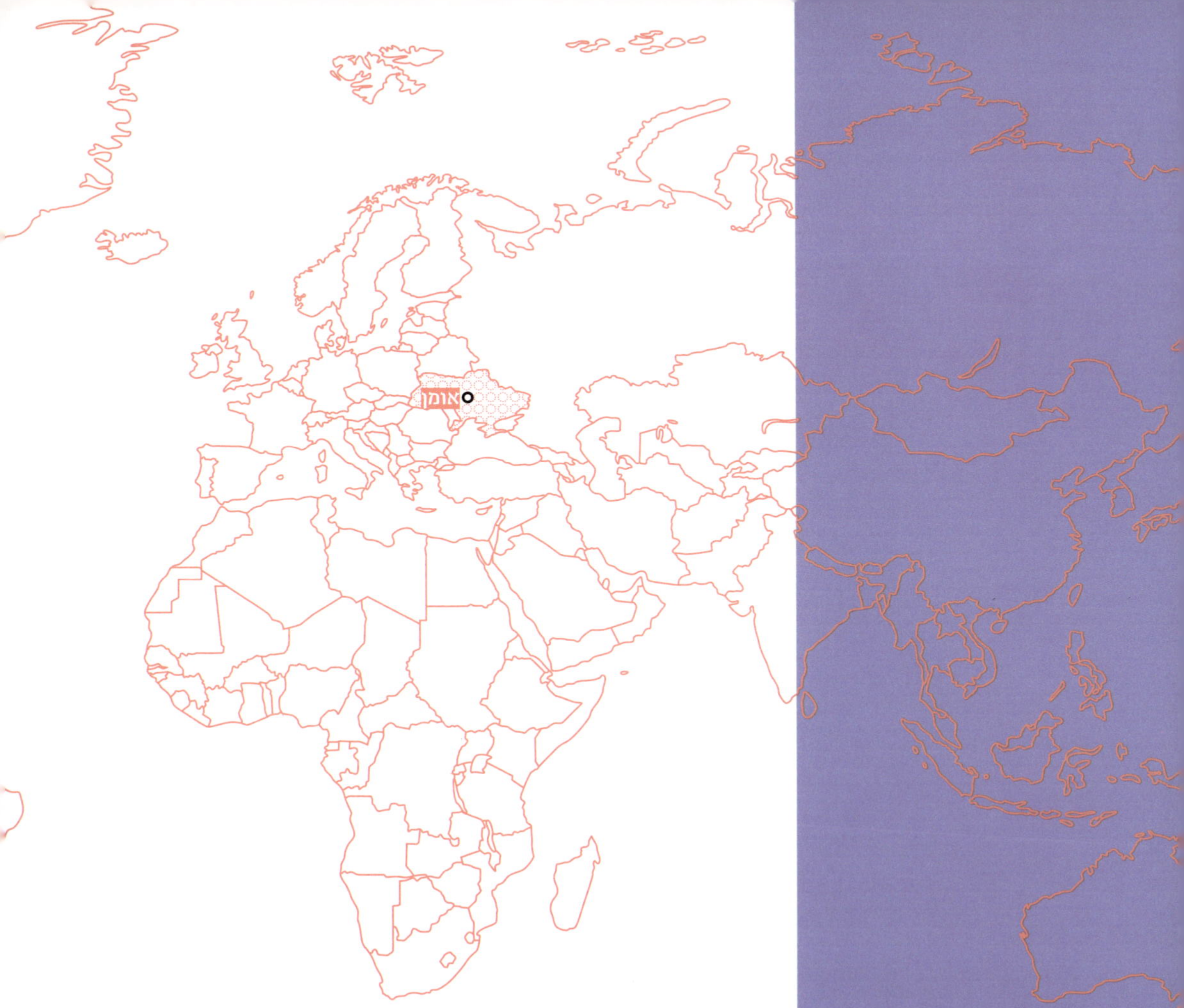

בחסידות ברסלב עוצרים לפני "ונצעק", וצועקים יחד בכל כוחם.

בכל שגרה, גם אם היא קשה, כל עוד האדם דבק בהתנהגות שגרתית, הוא לא יוכל לשנות את מצבו באופן משמעותי. בצעקה החריגה והמחריגה אותו, הוא נותן לעצמו הזדמנות של ממש לשינוי ופותח לעצמו פתח לישועה. כך גם במהלך ליל הסדר, אם נקריא את סיפור ההגדה במונוטוניות ונפעל את הפעולות כמתבקש, נהיה צמודים לטקס ועם תומו תסתיים משמעותו עבורנו. בצעקה של ממש יש סיכוי שנתחבר אל דור העבר שנשא את קולו בבכייה ובצעקה, והפלא שבישועתו ועומק לקחו יחלחלו אל תוכנו.

וְאֶת־עֲמָלֵנוּ

אֵלּוּ הַבָּנִים
כְּמָה שֶׁנֶּאֱמַר
שמות א כָּל־הַבֵּן הַיִּלּוֹד, הַיְאֹרָה תַּשְׁלִיכֻהוּ
וְכָל־הַבַּת תְּחַיּוּן:

וְאֶת־לַחֲצֵנוּ

זֶה הַדְּחַק
כְּמָה שֶׁנֶּאֱמַר
שמות ג וְגַם־רָאִיתִי אֶת־הַלַּחַץ אֲשֶׁר מִצְרַיִם לֹחֲצִים אֹתָם:

דברים כו וַיּוֹצִאֵנוּ יהוה מִמִּצְרַיִם
בְּיָד חֲזָקָה וּבִזְרֹעַ נְטוּיָה וּבְמֹרָא גָּדֹל
וּבְאֹתוֹת וּבְמֹפְתִים:

וַיּוֹצִאֵנוּ יהוה מִמִּצְרַיִם

לֹא עַל יְדֵי מַלְאָךְ
וְלֹא עַל יְדֵי שָׂרָף
וְלֹא עַל יְדֵי שָׁלִיחַ
אֶלָּא הַקָּדוֹשׁ בָּרוּךְ הוּא בִּכְבוֹדוֹ וּבְעַצְמוֹ

שֶׁנֶּאֱמַר
שמות יב וְעָבַרְתִּי בְאֶרֶץ־מִצְרַיִם בַּלַּיְלָה הַזֶּה
וְהִכֵּיתִי כָל־בְּכוֹר בְּאֶרֶץ מִצְרַיִם
מֵאָדָם וְעַד־בְּהֵמָה

ליל הסדר במחנה פליטים יהודים בעדן, תימן 1949

וּבְכָל־אֱלֹהֵי מִצְרַיִם אֶעֱשֶׂה שְׁפָטִים
אֲנִי יהוה:

וְעָבַרְתִּי בְאֶרֶץ־מִצְרַיִם
וְהִכֵּיתִי כָל־בְּכוֹר
וּבְכָל־אֱלֹהֵי מִצְרַיִם אֶעֱשֶׂה שְׁפָטִים
אֲנִי יהוה

אֲנִי וְלֹא מַלְאָךְ
אֲנִי וְלֹא שָׂרָף
אֲנִי וְלֹא הַשָּׁלִיחַ
אֲנִי הוּא וְלֹא אַחֵר

בְּיָד חֲזָקָה

זוֹ הַדֶּבֶר

כְּמָה שֶׁנֶּאֱמַר

שמות ט הִנֵּה יַד־יהוה הוֹיָה בְּמִקְנְךָ אֲשֶׁר בַּשָּׂדֶה

בַּסּוּסִים בַּחֲמֹרִים בַּגְּמַלִּים, בַּבָּקָר וּבַצֹּאן

דֶּבֶר כָּבֵד מְאֹד:

וּבִזְרֹעַ נְטוּיָה

זוֹ הַחֶרֶב

כְּמָה שֶׁנֶּאֱמַר

דברי הימים א׳ כא וְחַרְבּוֹ שְׁלוּפָה בְּיָדוֹ

נְטוּיָה עַל־יְרוּשָׁלָיִם

וּבְמֹרָא גָּדֹל

זֶה גִּלּוּי שְׁכִינָה

כְּמָה שֶׁנֶּאֱמַר

דברים ד אוֹ

הֲנִסָּה אֱלֹהִים לָבוֹא

לָקַחַת לוֹ גוֹי מִקֶּרֶב גּוֹי

בְּמַסֹּת בְּאֹתֹת וּבְמוֹפְתִים וּבְמִלְחָמָה

וּבְיָד חֲזָקָה וּבִזְרוֹעַ נְטוּיָה וּבְמוֹרָאִים גְּדֹלִים

כְּכֹל אֲשֶׁר־עָשָׂה לָכֶם יהוה אֱלֹהֵיכֶם בְּמִצְרַיִם

לְעֵינֶיךָ:

ליל הסדר בגטו ורשה, פולין, שנה לא ידועה

וּבְאֹתוֹת

זֶה הַמַּטֶּה

כְּמָה שֶׁנֶּאֱמַר

וְאֶת־הַמַּטֶּה הַזֶּה תִּקַּח בְּיָדֶךָ שמות ד

אֲשֶׁר תַּעֲשֶׂה־בּוֹ אֶת־הָאֹתֹת:

וּבְמֹפְתִים

זֶה הַדָּם

כְּמָה שֶׁנֶּאֱמַר

וְנָתַתִּי מוֹפְתִים בַּשָּׁמַיִם וּבָאָרֶץ יואל ג

מטיפים יין מן הכוס שלוש פעמים ואומרים:

דָּם וָאֵשׁ וְתִימְרוֹת עָשָׁן:

דָּבָר אַחֵר

בְּיָד חֲזָקָה	שְׁתַּיִם
וּבִזְרֹעַ נְטוּיָה	שְׁתַּיִם
וּבְמֹרָא גָּדֹל	שְׁתַּיִם
וּבְאֹתוֹת	שְׁתַּיִם
וּבְמֹפְתִים	שְׁתַּיִם

הטפת היין מן הרוס בליל סדר של יוצאי תימן, שנה לא ידועה

אֵלּוּ עֶשֶׂר מַכּוֹת

שֶׁהֵבִיא הַקָּדוֹשׁ בָּרוּךְ הוּא
עַל הַמִּצְרִים בְּמִצְרַיִם
וְאֵלּוּ הֵן

מטיפים יין מן הכוס על כל מכה ומכה ועל "דצ"ך עד"ש באח"ב" ואומרים:

דָּם צְפַרְדֵּעַ כִּנִּים

עָרוֹב דֶּבֶר שְׁחִין

בָּרָד אַרְבֶּה חֹשֶׁךְ

מַכַּת בְּכוֹרוֹת.

ספרי דברים כו, ח

רַבִּי יְהוּדָה הָיָה נוֹתֵן בָּהֶם סִימָנִים
דְּצַ"ךְ עֲדַ"שׁ בְּאַחַ"ב

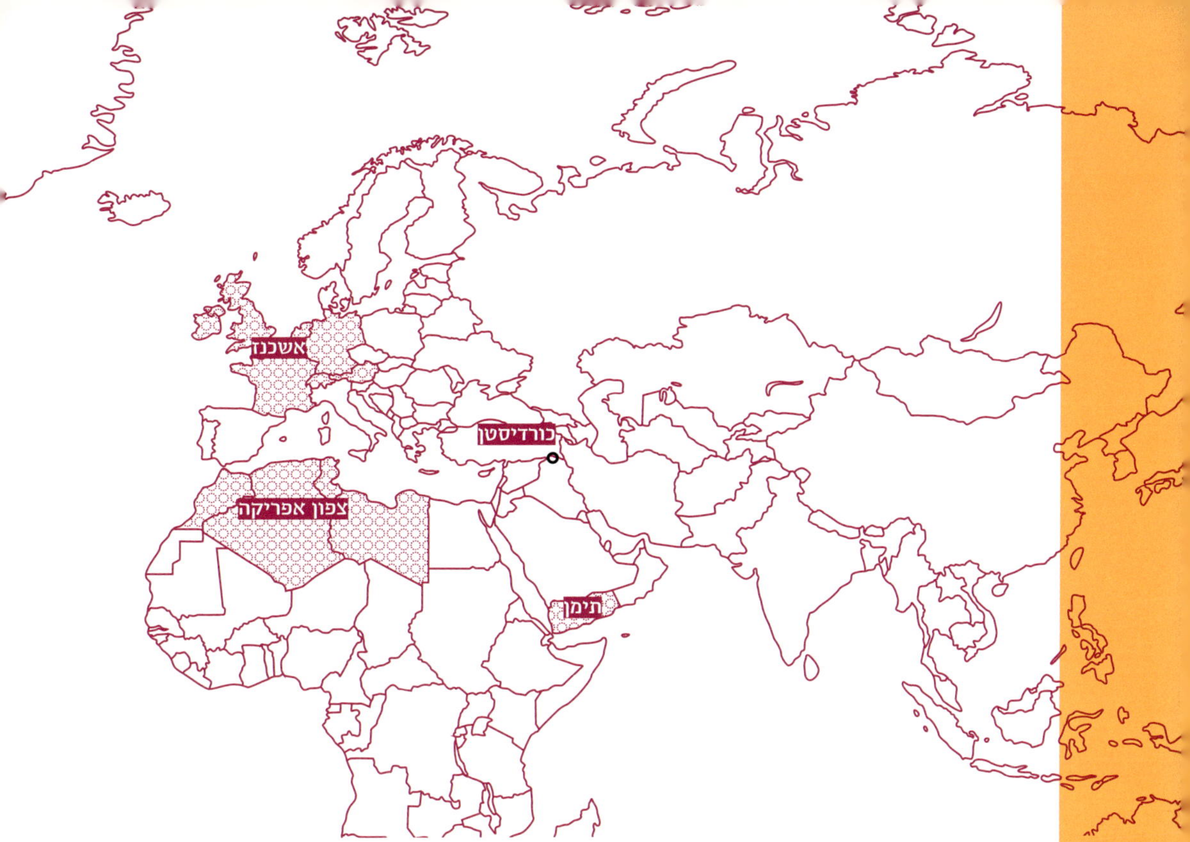

בקהילות אשכנז ותימן, רבים מטיפים מן היין באצבע, ואילו בקהילות הספרדים רבים שופכים מעט יין ישירות מן הכוס.

נראה שאותה הכוס שהגבהנו באמירת "והיא שעמדה", המסמלת את ישועת ה' ואת ברכתו לעם ישראל; הכוס ש'מאזינה' לכל סיפור יציאת מצרים, שבסוף ה'מגיד' יינה שספג את הסיפור יישתה בצמא וייכנס אל קרבנו – היא גם הכוס הנזכרת כמה פעמים בתנ"ך ככוס התרעלה, כוס חמת ה' שממנה שותה אומה שסררה. מסתבר שאותם האירועים העתידיים או ההיסטוריים שמשפילים אומה אחת הם המגביהים את קרנה של אומה אחרת.

בחלק מקהילות צפון אפריקה וכורדיסטן מקפידים להטיף מן היין בשפיכה לתוך קערה שיש בה מים, ובסוף ההטפות מרוקנים את כל כוס היין לאותה קערה ושופכים את תכולתה במקום נידח. חלק אף דורשים שבעל הבית ייטול את ידיו אחרי שפיכת היין.

אם אכן ההטפה מהכוס מסמלת את הטלת העונשים על אומות העולם, אזי אפשר להבין מנהגים המבטאים דחייה מלבוא במגע עם הענשה זו. כי איך נוכל לשתות בהודאה מכוס שממנה לקו בני אנוש שנבראו בצלם אלוהים? ומאידך גיסא, המנהג להשאיר את הכוס על כנה עשוי להדריך אותנו כיצד לשאת את המתח ההכרחי הזה הקיים, כשעם ישראל אומר שירה באותם הרגעים שהמצרים שוקעים אל קרקעית הים. אמנם נשמח, אך בשמחתנו לא תהיה שמחה על נפילת אויבנו, היות שכעת אנו מוציאים מהכוס שעליה נברך בסוף 'מגיד', את הטיפות המסמלות את העונש לאויבינו.

רַבִּי יוֹסֵי הַגְּלִילִי אוֹמֵר

מכילתא מסכתא דויהי בשלח פרשה ו

מִנַּיִן אַתָּה אוֹמֵר
שֶׁלָּקוּ הַמִּצְרִים בְּמִצְרַיִם עֶשֶׂר מַכּוֹת
וְעַל הַיָּם לָקוּ חֲמִשִּׁים מַכּוֹת

בְּמִצְרַיִם מַה הוּא אוֹמֵר
וַיֹּאמְרוּ הַחַרְטֻמִּם אֶל־פַּרְעֹה אֶצְבַּע אֱלֹהִים הִוא (שמות ח)

וְעַל הַיָּם מַה הוּא אוֹמֵר
וַיַּרְא יִשְׂרָאֵל אֶת־הַיָּד הַגְּדֹלָה (שמות יד)
אֲשֶׁר עָשָׂה יהוה בְּמִצְרַיִם
וַיִּירְאוּ הָעָם אֶת־יהוה
וַיַּאֲמִינוּ בַּיהוה וּבְמֹשֶׁה עַבְדּוֹ:

כַּמָּה לָקוּ בְּאֶצְבַּע
עֶשֶׂר מַכּוֹת.
אֱמֹר מֵעַתָּה
בְּמִצְרַיִם לָקוּ עֶשֶׂר מַכּוֹת
וְעַל הַיָּם לָקוּ חֲמִשִּׁים מַכּוֹת.

רַבִּי אֱלִיעֶזֶר אוֹמֵר, מִנַּיִן שֶׁכָּל מַכָּה וּמַכָּה
שֶׁהֵבִיא הַקָּדוֹשׁ בָּרוּךְ הוּא עַל הַמִּצְרִים בְּמִצְרַיִם
הָיְתָה שֶׁל אַרְבַּע מַכּוֹת
שֶׁנֶּאֱמַר:
יְשַׁלַּח־בָּם חֲרוֹן אַפּוֹ (תהלים עח)
עֶבְרָה וָזַעַם וְצָרָה, מִשְׁלַחַת מַלְאֲכֵי רָעִים:

עֶבְרָה	אַחַת
וָזַעַם	שְׁתַּיִם
וְצָרָה	שָׁלוֹשׁ
מִשְׁלַחַת מַלְאֲכֵי רָעִים	אַרְבַּע

אֱמֹר מֵעַתָּה
בְּמִצְרַיִם לָקוּ אַרְבָּעִים מַכּוֹת
וְעַל הַיָּם לָקוּ מָאתַיִם מַכּוֹת.

רַבִּי עֲקִיבָא אוֹמֵר
מִנַּיִן שֶׁכָּל מַכָּה וּמַכָּה
שֶׁהֵבִיא הַקָּדוֹשׁ בָּרוּךְ הוּא עַל הַמִּצְרִים בְּמִצְרַיִם
הָיְתָה שֶׁל חָמֵשׁ מַכּוֹת
שֶׁנֶּאֱמַר:
יְשַׁלַּח־בָּם תהלים עח
חֲרוֹן אַפּוֹ עֶבְרָה וָזַעַם וְצָרָה, מִשְׁלַחַת מַלְאֲכֵי רָעִים:

חֲרוֹן אַפּוֹ	אַחַת
עֶבְרָה	שְׁתַּיִם
וָזַעַם	שָׁלוֹשׁ
וְצָרָה	אַרְבַּע
מִשְׁלַחַת מַלְאֲכֵי רָעִים	חָמֵשׁ

אֱמֹר מֵעַתָּה
בְּמִצְרַיִם לָקוּ חֲמִשִּׁים מַכּוֹת
וְעַל הַיָּם לָקוּ חֲמִשִּׁים וּמָאתַיִם מַכּוֹת.

כַּמָּה מַעֲלוֹת טוֹבוֹת לַמָּקוֹם עָלֵינוּ

אִלּוּ הוֹצִיאָנוּ מִמִּצְרַיִם   וְלֹא עָשָׂה בָהֶם שְׁפָטִים   דַּיֵּנוּ

אִלּוּ עָשָׂה בָהֶם שְׁפָטִים   וְלֹא עָשָׂה בֵאלֹהֵיהֶם   דַּיֵּנוּ

אִלּוּ עָשָׂה בֵאלֹהֵיהֶם   וְלֹא הָרַג אֶת בְּכוֹרֵיהֶם   דַּיֵּנוּ

אִלּוּ הָרַג אֶת בְּכוֹרֵיהֶם   וְלֹא נָתַן לָנוּ אֶת מָמוֹנָם   דַּיֵּנוּ

אִלּוּ נָתַן לָנוּ אֶת מָמוֹנָם   וְלֹא קָרַע לָנוּ אֶת הַיָּם   דַּיֵּנוּ

אִלּוּ קָרַע לָנוּ אֶת הַיָּם   וְלֹא הֶעֱבִירָנוּ בְתוֹכוֹ בֶּחָרָבָה   דַּיֵּנוּ

אִלּוּ הֶעֱבִירָנוּ בְתוֹכוֹ בֶּחָרָבָה   וְלֹא שִׁקַּע צָרֵינוּ בְּתוֹכוֹ   דַּיֵּנוּ

אִלּוּ שִׁקַּע צָרֵינוּ בְּתוֹכוֹ   וְלֹא סִפֵּק צָרְכֵּנוּ בַּמִּדְבָּר אַרְבָּעִים שָׁנָה   דַּיֵּנוּ

אִלּוּ סִפֵּק צָרְכֵּנוּ בַּמִּדְבָּר אַרְבָּעִים שָׁנָה   וְלֹא הֶאֱכִילָנוּ אֶת הַמָּן   דַּיֵּנוּ

אִלּוּ הֶאֱכִילָנוּ אֶת הַמָּן   וְלֹא נָתַן לָנוּ אֶת הַשַּׁבָּת   דַּיֵּנוּ

אִלּוּ נָתַן לָנוּ אֶת הַשַּׁבָּת   וְלֹא קֵרְבָנוּ לִפְנֵי הַר סִינַי   דַּיֵּנוּ

אִלּוּ קֵרְבָנוּ לִפְנֵי הַר סִינַי   וְלֹא נָתַן לָנוּ אֶת הַתּוֹרָה   דַּיֵּנוּ

אִלּוּ נָתַן לָנוּ אֶת הַתּוֹרָה   וְלֹא הִכְנִיסָנוּ לְאֶרֶץ יִשְׂרָאֵל   דַּיֵּנוּ

אִלּוּ הִכְנִיסָנוּ לְאֶרֶץ יִשְׂרָאֵל   וְלֹא בָנָה לָנוּ אֶת בֵּית הַבְּחִירָה   דַּיֵּנוּ

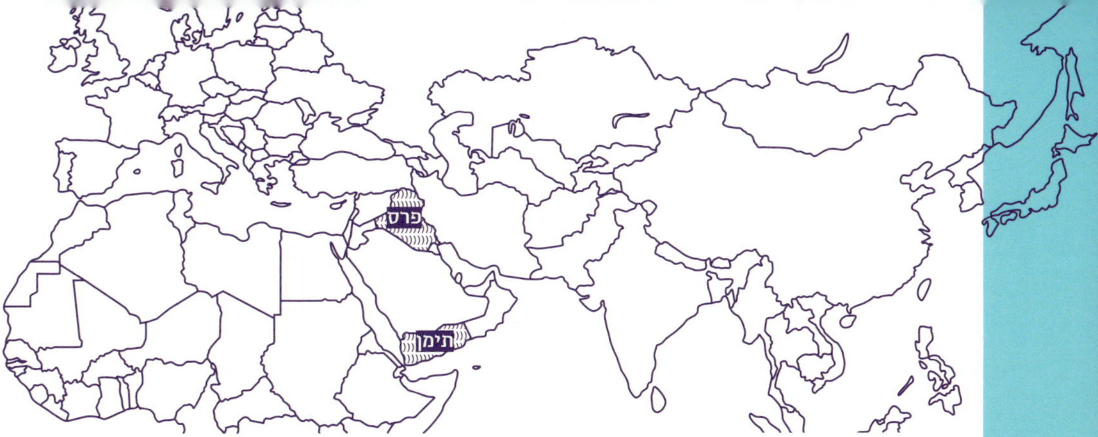

כאן יוצאי פרס נוהגים שכל אחד מהנוכחים מרים בצל ירוק מן השולחן ומצליף בו על מי שיושב לצדו.

מנהג זה מופיע דווקא באמירת המנון ההודאה לה', ואולי יש בו רמז לטענת עם ישראל שבזמן שהותו במדבר הוא הסתפק בבצלים שהיו במצרים, ואלה ומעדנים נוספים היו חסרים במדבר. ואם כן, יש ללמוד מכאן שבשעת טרוניה נכון להיזכר גם בהצלפות שבאו עם הבצלים, ובאופן כללי להודות לה' על ששוב ושוב מעלה אותנו למדרגות נפלאות. ולא רק לזכור ולקונן על חלק מסוים מהעבר – מהשטעטל, מהגטו, מהמלאח.

יוצאי תימן מגביהים את השולחן בכל פעם שאומרים "דיינו".

אין ספק שהשיר הקנוני הזה מדריך אותנו עד היום להחזיק את מה שמונח על שולחננו ולהסתפק בו בשמחה, להודות עליו ולהתמקד במה שה' העניק לנו, ולא במה שאנחנו מרגישים שחסר לנו, כדברי חז"ל: "איזהו עשיר – השמח בחלקו" (אבות ד, א).

ליל הסדר בעדן, תימן 1949

עַל אַחַת
כַּמָּה וְכַמָּה
טוֹבָה כְפוּלָה וּמְכֻפֶּלֶת
לַמָּקוֹם עָלֵינוּ

שֶׁהוֹצִיאָנוּ מִמִּצְרַיִם

וְעָשָׂה בָהֶם שְׁפָטִים

וְעָשָׂה בֵאלֹהֵיהֶם

וְהָרַג בְּכוֹרֵיהֶם

וְנָתַן לָנוּ אֶת מָמוֹנָם

וְקָרַע לָנוּ אֶת הַיָּם

וְהֶעֱבִירָנוּ בְתוֹכוֹ בֶּחָרָבָה

וְשִׁקַּע צָרֵינוּ בְּתוֹכוֹ

וְסִפֵּק צָרְכֵּנוּ בַּמִּדְבָּר אַרְבָּעִים שָׁנָה

וְהֶאֱכִילָנוּ אֶת הַמָּן

וְנָתַן לָנוּ אֶת הַשַּׁבָּת

וְקֵרְבָנוּ לִפְנֵי הַר סִינַי

וְנָתַן לָנוּ אֶת הַתּוֹרָה

וְהִכְנִיסָנוּ לְאֶרֶץ יִשְׂרָאֵל

וּבָנָה לָנוּ אֶת בֵּית הַבְּחִירָה

לְכַפֵּר עַל כָּל עֲוֹנוֹתֵינוּ.

תפילת כוהני העדה האתיופית בחג הפסח, אוזבה אתיופיה, 1963

פסחים קטז. רַבָּן גַּמְלִיאֵל הָיָה אוֹמֵר
כָּל שֶׁלֹּא אָמַר שְׁלוֹשָׁה דְבָרִים אֵלּוּ בַּפֶּסַח
לֹא יָצָא יְדֵי חוֹבָתוֹ
וְאֵלּוּ הֵן

פֶּסַח מַצָּה וּמָרוֹר

פֶּסַח

שֶׁהָיוּ אֲבוֹתֵינוּ אוֹכְלִים בִּזְמַן שֶׁבֵּית הַמִּקְדָּשׁ הָיָה קַיָּם
עַל שׁוּם מָה
עַל שׁוּם שֶׁפָּסַח הַקָּדוֹשׁ בָּרוּךְ הוּא
עַל בָּתֵּי אֲבוֹתֵינוּ בְּמִצְרַיִם
שֶׁנֶּאֱמַר

שמות יב וַאֲמַרְתֶּם זֶבַח־פֶּסַח הוּא לַיהוה
אֲשֶׁר פָּסַח עַל־בָּתֵּי בְנֵי־יִשְׂרָאֵל בְּמִצְרַיִם
בְּנָגְפּוֹ אֶת־מִצְרַיִם
וְאֶת־בָּתֵּינוּ הִצִּיל
וַיִּקֹּד הָעָם וַיִּשְׁתַּחֲווּ:

שחיטת השה לפסח, סמיין אתיופיה 1950

מגביה את המצות ואומר:

מַצָּה זוֹ

שֶׁאָנוּ אוֹכְלִים
עַל שׁוּם מָה
עַל שׁוּם שֶׁלֹּא הִסְפִּיק בְּצֵקָם שֶׁל אֲבוֹתֵינוּ לְהַחֲמִיץ
עַד שֶׁנִּגְלָה עֲלֵיהֶם מֶלֶךְ מַלְכֵי הַמְּלָכִים
הַקָּדוֹשׁ בָּרוּךְ הוּא
וּגְאָלָם
שֶׁנֶּאֱמַר

וַיֹּאפוּ אֶת־הַבָּצֵק אֲשֶׁר הוֹצִיאוּ מִמִּצְרַיִם שמות יב
עֻגֹת מַצּוֹת
כִּי לֹא חָמֵץ
כִּי־גֹרְשׁוּ מִמִּצְרַיִם
וְלֹא יָכְלוּ לְהִתְמַהְמֵהַּ
וְגַם־צֵדָה לֹא־עָשׂוּ לָהֶם:

עולים ממרוקו מסבים לסדר ראשון בארץ ישראל, תחילת שנות ה־50

יוצאי תוניס נוהגים להעביר את המצה מיד ליד וכל משתתף אומר שלוש פעמים: "מצה זו". וכך גם בקטע "מרור זה".

המצה והמרור אינם מטפורות מנותקות. אנחנו, כמי שמצווים להכין ולהגיש מצה ומרור באותו הציווי שנצטוו אבותינו, עדיין מקיימים זאת אחרי יותר משלושת אלפים שנה. וכך המצה והמרור דומים יותר לשעון זהב שנינו של נין עוד עונד על ידו לאחר שנמסר מדור לדור, והוא אינו שחזור של כלי עבודה עתיק שתלוי על קיר למזכרת.

מגביה את המרור ואומר:

מָרוֹר זֶה

שֶׁאָנוּ אוֹכְלִים
עַל שׁוּם מָה
עַל שׁוּם שֶׁמֵּרְרוּ הַמִּצְרִים אֶת חַיֵּי אֲבוֹתֵינוּ בְּמִצְרַיִם
שֶׁנֶּאֱמַר

שמות א
וַיְמָרְרוּ אֶת־חַיֵּיהֶם בַּעֲבֹדָה קָשָׁה
בְּחֹמֶר וּבִלְבֵנִים וּבְכָל־עֲבֹדָה בַּשָּׂדֶה
אֵת כָּל־עֲבֹדָתָם אֲשֶׁר־עָבְדוּ בָהֶם בְּפָרֶךְ:

בְּכָל דּוֹר וָדוֹר

פסחים קטז:
חַיָּב אָדָם לִרְאוֹת אֶת עַצְמוֹ כְּאִלּוּ הוּא יָצָא מִמִּצְרַיִם
שֶׁנֶּאֱמַר

שמות יג
וְהִגַּדְתָּ לְבִנְךָ בַּיּוֹם הַהוּא לֵאמֹר
בַּעֲבוּר זֶה עָשָׂה יהוה לִי בְּצֵאתִי מִמִּצְרָיִם:

ליל הסדר בבו סעדה, אלג'יר 1952 בקירוב

יוצאי אלג'יר אוחזים בידיהם את המרור, אומרים שלוש פעמים "מרור זה" ומשליכים אותו לארץ.

מלבד המסר הישיר המשתמע ממנהג זה של מאיסה בסבל שעוד פוקד אותנו, יש אפשרות להבחין במשמעות נוספת – פעמים רבות אנחנו בעצמנו אוחזים בהרגלים, בקשרים ובתפקידים שמסבים לנו סבל. כמו סבלות מצרים שאליהם נקלע עמנו תחילה מרצון ולבסוף מאונס, כך אנחנו יכולים להיות תקועים בחיינו האישיים – בהתקשרות למצב שבתחילה היה בו צורך או ברכה ועכשיו כבר שואב ממנו כוחות או מדכא אותנו. האחיזה במרור היא קריאה להתפכח ולעמוד על דעתנו, שאנו בעלי בחירה לעצב את נסיבות חיינו. ואילו ההשלכה ארצה היא קריאה לזהות בעצמנו שלא טוב לנו, ולהיפרד ממה שנכון להרחיק.

לֹא אֶת אֲבוֹתֵינוּ בִּלְבָד גָּאַל הַקָּדוֹשׁ בָּרוּךְ הוּא
אֶלָּא אַף אוֹתָנוּ גָּאַל עִמָּהֶם
שֶׁנֶּאֱמַר

וְאוֹתָנוּ הוֹצִיא מִשָּׁם לְמַעַן הָבִיא אֹתָנוּ דברים ו
לָתֶת לָנוּ אֶת־הָאָרֶץ אֲשֶׁר נִשְׁבַּע לַאֲבֹתֵינוּ׃

מכסה את המצות ואוחז את הכוס ואומר:

לְפִיכָךְ אֲנַחְנוּ חַיָּבִים פסחים קטז:

לְהוֹדוֹת לְהַלֵּל לְשַׁבֵּחַ
לְפָאֵר לְרוֹמֵם לְהַדֵּר
לְבָרֵךְ לְעַלֵּה וּלְקַלֵּס

לְמִי שֶׁעָשָׂה לַאֲבוֹתֵינוּ וְלָנוּ אֶת כָּל הַנִּסִּים הָאֵלֶּה
הוֹצִיאָנוּ מֵעַבְדוּת לְחֵרוּת
מִיָּגוֹן לְשִׂמְחָה
מֵאֵבֶל לְיוֹם טוֹב
וּמֵאֲפֵלָה לְאוֹר גָּדוֹל
וּמִשִּׁעְבּוּד לִגְאֻלָּה
וְנֹאמַר לְפָנָיו שִׁירָה חֲדָשָׁה

הַלְלוּיָהּ.

מניח את הכוס מידו וחוזר ומגלה את המצות.

ליל הסדר אצל משפחה מיוצאי תימן, בית עריף, ישראל 1979

יוצאי תימן קוראים את ההלל כמנהג הקדום שהזכיר הרמב"ם בהלכות מגילה וחנוכה (פרק ג הלכה יב ואילך): אחרי כל חצי פסוק מההלל שהמקריא קורא, כל המסובים עונים "הללויה".

באופן ההקראה והענייה טמון יתרון חשוב – בעוד שבשאר ההגדה אפשר 'ליפול' להקראה טכנית ויבשה של ההגדה, כאן המסובים נעים כל העת בין הקשבה והשבה, הפנמה וצהלה מתוך הערכה. כמובן, גם כאן המענה יכול להיות אוטומטי, ובכל זאת, בכוחן של התנודות לעורר ולהרגיל את המשיבים למצוא בכל פרט קטן סיבה להלל את ה'.

תהלים קיג

הַלְלוּיָהּ

הַלְלוּ עַבְדֵי יהוה, הַלְלוּ אֶת־שֵׁם יהוה:
יְהִי שֵׁם יהוה מְבֹרָךְ, מֵעַתָּה וְעַד־עוֹלָם:
מִמִּזְרַח־שֶׁמֶשׁ עַד־מְבוֹאוֹ, מְהֻלָּל שֵׁם יהוה:
רָם עַל־כָּל־גּוֹיִם יהוה, עַל הַשָּׁמַיִם כְּבוֹדוֹ:
מִי כַּיהוה אֱלֹהֵינוּ, הַמַּגְבִּיהִי לָשָׁבֶת:
הַמַּשְׁפִּילִי לִרְאוֹת, בַּשָּׁמַיִם וּבָאָרֶץ:
מְקִימִי מֵעָפָר דָּל, מֵאַשְׁפֹּת יָרִים אֶבְיוֹן:
לְהוֹשִׁיבִי עִם־נְדִיבִים, עִם נְדִיבֵי עַמּוֹ:
מוֹשִׁיבִי עֲקֶרֶת הַבַּיִת, אֵם־הַבָּנִים שְׂמֵחָה

הַלְלוּיָהּ:

תהלים קיד

בְּצֵאת יִשְׂרָאֵל מִמִּצְרָיִם, בֵּית יַעֲקֹב מֵעַם לֹעֵז:
הָיְתָה יְהוּדָה לְקָדְשׁוֹ, יִשְׂרָאֵל מַמְשְׁלוֹתָיו:
הַיָּם רָאָה וַיָּנֹס, הַיַּרְדֵּן יִסֹּב לְאָחוֹר:
הֶהָרִים רָקְדוּ כְאֵילִים, גְּבָעוֹת כִּבְנֵי־צֹאן:
מַה־לְּךָ הַיָּם כִּי תָנוּס, הַיַּרְדֵּן תִּסֹּב לְאָחוֹר:
הֶהָרִים תִּרְקְדוּ כְאֵילִים, גְּבָעוֹת כִּבְנֵי־צֹאן:
מִלִּפְנֵי אָדוֹן חוּלִי אָרֶץ, מִלִּפְנֵי אֱלוֹהַּ יַעֲקֹב:
הַהֹפְכִי הַצּוּר אֲגַם־מָיִם, חַלָּמִישׁ לְמַעְיְנוֹ־מָיִם:

אוחז את הכוס ואומר:

בָּרוּךְ אַתָּה יהוה אֱלֹהֵינוּ מֶלֶךְ הָעוֹלָם
אֲשֶׁר גְּאָלָנוּ, וְגָאַל אֶת אֲבוֹתֵינוּ מִמִּצְרָיִם
וְהִגִּיעָנוּ הַלַּיְלָה הַזֶּה, לֶאֱכֹל בּוֹ מַצָּה וּמָרוֹר.
כֵּן יהוה אֱלֹהֵינוּ וֵאלֹהֵי אֲבוֹתֵינוּ
יַגִּיעֵנוּ לְמוֹעֲדִים וְלִרְגָלִים אֲחֵרִים
הַבָּאִים לִקְרָאתֵנוּ לְשָׁלוֹם
שְׂמֵחִים בְּבִנְיַן עִירֶךָ
וְשָׂשִׂים בַּעֲבוֹדָתֶךָ
וְנֹאכַל שָׁם
מִן הַזְּבָחִים וּמִן הַפְּסָחִים / במוצש"ק: מִן הַפְּסָחִים וּמִן הַזְּבָחִים/
אֲשֶׁר יַגִּיעַ דָּמָם
עַל קִיר מִזְבַּחֲךָ לְרָצוֹן
וְנוֹדֶה לְּךָ
שִׁיר חָדָשׁ
עַל גְּאֻלָּתֵנוּ וְעַל פְּדוּת נַפְשֵׁנוּ
בָּרוּךְ אַתָּה יהוה, גָּאַל יִשְׂרָאֵל.

בקהילות תימן נהגו להוסיף בתוך הברכה את הפיוט "אתה גאלת", כדרך שהוסיפו בקידוש. תוספת זו מופיעה גם היא בסידור רס"ג.

יוצאי עירק וכורדיסטן נהגו לומר פיוט זה בליל הסדר, אך לא בתוך ברכת "גאל ישראל" אלא לאחר שתיית הכוס השנייה.

בקהילות הספרדים אין מברכים על הכוס השנייה
ועל הכוס הרביעית, כדעת מרן השו"ע (או"ח תעד).

הִנְנִי מוּכָן וּמְזֻמָּן לְקַיֵּם מִצְוַת כּוֹס שֵׁנִי שֶׁל אַרְבַּע כּוֹסוֹת
לְשֵׁם יִחוּד קֻדְשָׁא בְּרִיךְ הוּא וּשְׁכִינְתֵּהּ עַל יְדֵי הַהוּא טָמִיר וְנֶעְלָם בְּשֵׁם כָּל יִשְׂרָאֵל.

בָּרוּךְ אַתָּה יהוה אֱלֹהֵינוּ מֶלֶךְ הָעוֹלָם, בּוֹרֵא פְּרִי הַגָּפֶן.

שותים בהסבת שמאל.

רחצה נוטלים את הידיים לסעודה ומברכים:

**בָּרוּךְ אַתָּה יהוה אֱלֹהֵינוּ מֶלֶךְ הָעוֹלָם
אֲשֶׁר קִדְּשָׁנוּ בְּמִצְוֹתָיו, וְצִוָּנוּ עַל נְטִילַת יָדָיִם.**

מוציא מצה

מגביה את שלוש המצות ואומר:

הִנְנִי מוּכָן וּמְזֻמָּן לְקַיֵּם מִצְוַת אֲכִילַת מַצָּה.
לְשֵׁם יִחוּד קֻדְשָׁא בְּרִיךְ הוּא וּשְׁכִינְתֵּהּ עַל יְדֵי הַהוּא טָמִיר וְנֶעְלָם בְּשֵׁם כָּל יִשְׂרָאֵל.

**בָּרוּךְ אַתָּה יהוה אֱלֹהֵינוּ מֶלֶךְ הָעוֹלָם
הַמּוֹצִיא לֶחֶם מִן הָאָרֶץ.**

מניח את המצה התחתונה מידו ואוחז את העליונה ואת האמצעית ומברך:

**בָּרוּךְ אַתָּה יהוה אֱלֹהֵינוּ מֶלֶךְ הָעוֹלָם
אֲשֶׁר קִדְּשָׁנוּ בְּמִצְוֹתָיו, וְצִוָּנוּ עַל אֲכִילַת מַצָּה.**

נוטל לעצמו ונותן לכל אחד מן המסובים כזית מן המצה העליונה וכזית מן האמצעית,
(או שכל אחד ואחד לוקח לעצמו כשני זיתים מן המצה
השמורה שלפניו) ואוכלים בהסבת שמאל.

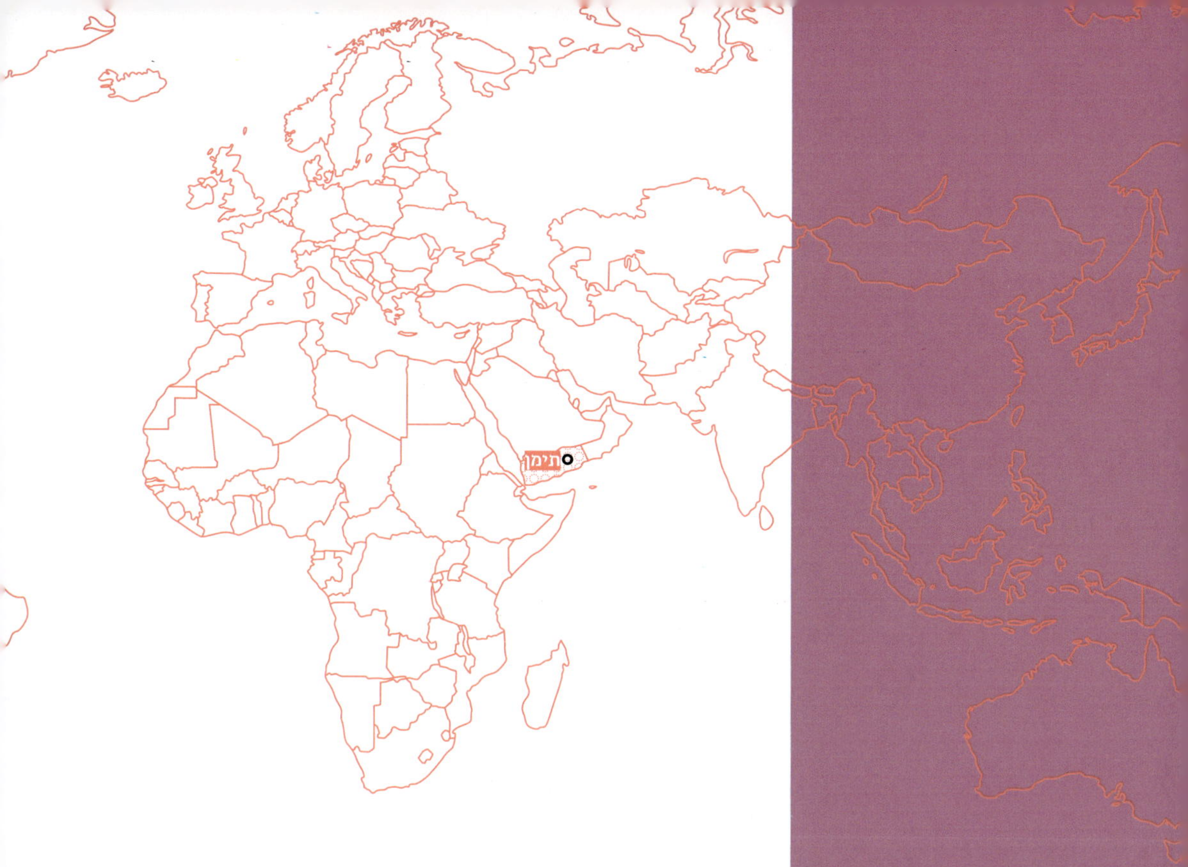

בקהילות תימן נהגו שהבוצע מחלק למסובים מן המצות אחר ברכת "המוציא", והם ממתינים עד שיברך "על אכילת מצה" ורק אז אוכלים.

מרור

נוטל כזית מרור לעצמו ולכל המסובים וטובלו בחרוסת ואומר:

הִנְנִי מוּכָן וּמְזֻמָּן לְקַיֵּם מִצְוַת אֲכִילַת מָרוֹר.
לְשֵׁם יִחוּד קֻדְשָׁא בְּרִיךְ הוּא וּשְׁכִינְתֵּהּ עַל יְדֵי הַהוּא טָמִיר וְנֶעְלָם בְּשֵׁם כָּל יִשְׂרָאֵל.

בָּרוּךְ אַתָּה יהוה אֱלֹהֵינוּ מֶלֶךְ הָעוֹלָם
אֲשֶׁר קִדְּשָׁנוּ בְּמִצְוֹתָיו, וְצִוָּנוּ עַל אֲכִילַת מָרוֹר.

אוכלים בלי הסבה.

כורך

בוצע את המצה התחתונה, נוטל ממנה כזית וכורך עמה כזית מן המרור, מחלק למסובים (או שכל אחד מהם נוטל מן המצה השמורה שלפניו וכורך) ואומר:

זֵכֶר לַמִּקְדָּשׁ כְּהִלֵּל. פסחים קטו.
כֵּן עָשָׂה הִלֵּל בִּזְמַן שֶׁבֵּית הַמִּקְדָּשׁ הָיָה קַיָּם
הָיָה כּוֹרֵךְ פֶּסַח, מַצָּה וּמָרוֹר, וְאוֹכֵל בְּיַחַד
לְקַיֵּם מַה שֶּׁנֶּאֱמַר: עַל־מַצּוֹת וּמְרֹרִים יֹאכְלֻהוּ: במדבר ט

אוכלים בהסבת שמאל.

אכילת מצה בליל הסדר אצל יוצאי תימן, ראש העין ישראל, שנות ה־70

שלחן עורך

אוכלים ושותים כברכת ה'.

ליל הסדר בבריסק דליטא, 1894

צפון

בגמר הסעודה מוציא את פרוסת המצה שהצפין לאפיקומן, נוטל כשני זיתים
(שיעור אכילת אפיקומן כשני זיתים. כזית אחד – זכר לפסח,
ואחד – זכר למצה הנאכלת עמו)
ונותן גם למסובים (או שהם נוטלים מן המצה השמורה שלפניהם), ואומרים:

**הִנְנִי מוּכָן וּמְזֻמָּן לְקַיֵּם מִצְוַת אֲכִילַת אֲפִיקוֹמָן.
לְשֵׁם יִחוּד קֻדְשָׁא בְּרִיךְ הוּא וּשְׁכִינְתֵּהּ עַל יְדֵי הַהוּא טָמִיר וְנֶעְלָם
בְּשֵׁם כָּל יִשְׂרָאֵל.**

אוכלים בהסבת שמאל.

חייל בסיני, 1975

בספר מנהגי פרנקפורט מופיע שנוהגים לשמור חתיכה קטנה מהאפיקומן כסגולה לשמירה במשך כל השנה. מנהג זה מצוי גם בקרב יוצאי תוניס. יוצאי פרס אף הצטיינו בשמירת החתיכה בכיס כל ימות השנה. בספר "מגן אברהם" שנכתב בפולין מובא שהיו מגרדים בעדינות את אמצע מצת האפיקומן עד שהיה חור מספיק גדול כדי לתלות אותו על מסמר בבית או בבית הכנסת.

ייתכן שיש באפיקומן סגולת שמירה כפולה: האפיקומן, שנאכל בימינו כמצה אך במקור היה בשר מקרבן הפסח, הוא המאכל המסמל את הברית בין ה' ובין עם ישראל. ביהדות ישנן שתי מצוות מובהקות המסמלות את הברית הזאת – ברית מילה וקרבן פסח, והמעלָה בקרבן הפסח היא שהמצווה הזאת מוטלת על אנשים בוגרים, בעלי מודעות שבוחרים בברית, ולא על תינוק בן שמונה ימים. בשמירת האפיקומן כל השנה, האדם ממשיך לנהל את חייו תוך כדי שמירה על מודעות לברית שכרת עם ה', לכך שהוא מייצג את ה' בעולם הזה ושה' שומר עליו כאן ואף מוכן לשבש את כל מערכות הטבע למענו כבגאולת מצרים, כדי שהוא ימלא את תפקידו.

ברך

מוזגים כוס שלישי ונוטלים מים אחרונים. אוחז את הכוס בימינו ואומר:

הנני מוכן ומזומן לקיים מצוות עשה של ברכת המזון, כמו שכתוב בתורה ואכלת ושבעת וברכת את יהוה אלהיך על הארץ הטובה אשר נתן לך. לשם ייחוד קודשא בריך הוא ושכינתיה על ידי ההוא טמיר ונעלם בשם כל ישראל.

תהלים קכו
שִׁיר הַמַּעֲלוֹת בְּשׁוּב יהוה אֶת־שִׁיבַת צִיּוֹן, הָיִינוּ כְּחֹלְמִים: אָז יִמָּלֵא שְׂחוֹק פִּינוּ וּלְשׁוֹנֵנוּ רִנָּה אָז יֹאמְרוּ בַגּוֹיִם הִגְדִּיל יהוה לַעֲשׂוֹת עִם־אֵלֶּה: הִגְדִּיל יהוה לַעֲשׂוֹת עִמָּנוּ, הָיִינוּ שְׂמֵחִים: שׁוּבָה יהוה אֶת־שְׁבִיתֵנוּ, כַּאֲפִיקִים בַּנֶּגֶב: הַזֹּרְעִים בְּדִמְעָה, בְּרִנָּה יִקְצֹרוּ: הָלוֹךְ יֵלֵךְ וּבָכֹה נֹשֵׂא מֶשֶׁךְ־הַזָּרַע בֹּא־יָבֹא בְרִנָּה נֹשֵׂא אֲלֻמֹּתָיו:

יש מוסיפים:

תהלים קמה
תהלים קטו
תְּהִלַּת יהוה יְדַבֶּר פִּי וִיבָרֵךְ כָּל־בָּשָׂר שֵׁם קָדְשׁוֹ, לְעוֹלָם וָעֶד: וַאֲנַחְנוּ
תהלים קלו
נְבָרֵךְ יָהּ מֵעַתָּה וְעַד־עוֹלָם, הַלְלוּיָהּ: הוֹדוּ לַיהוה כִּי־טוֹב, כִּי לְעוֹלָם
תהלים קו
חַסְדּוֹ: מִי יְמַלֵּל גְּבוּרוֹת יהוה, יַשְׁמִיעַ כָּל־תְּהִלָּתוֹ:

נוסח אשכנזים:

המזמן: רַבּוֹתַי, נְבָרֵךְ.

המסובים: יְהִי שֵׁם יהוה מְבֹרָךְ מֵעַתָּה
וְעַד־עוֹלָם:

המזמן: יְהִי שֵׁם יהוה מְבֹרָךְ מֵעַתָּה
וְעַד־עוֹלָם:
בִּרְשׁוּת (אָבִי מוֹרִי / אִמִּי
מוֹרָתִי / כֹּהֲנִים / מוֹרֵנוּ הָרַב /
בַּעַל הַבַּיִת הַזֶּה /
בַּעֲלַת הַבַּיִת הַזֶּה)
מָרָנָן וְרַבָּנָן וְרַבּוֹתַי
נְבָרֵךְ (במניין: אֱלֹהֵינוּ)
שֶׁאָכַלְנוּ מִשֶּׁלּוֹ.

המסובים: בָּרוּךְ (במניין: אֱלֹהֵינוּ)
שֶׁאָכַלְנוּ מִשֶּׁלּוֹ וּבְטוּבוֹ חָיִינוּ.

המזמן: בָּרוּךְ (במניין: אֱלֹהֵינוּ)
שֶׁאָכַלְנוּ מִשֶּׁלּוֹ וּבְטוּבוֹ חָיִינוּ.

בָּרוּךְ הוּא וּבָרוּךְ שְׁמוֹ.

בָּרוּךְ אַתָּה יהוה אֱלֹהֵינוּ מֶלֶךְ הָעוֹלָם
הַזָּן אֶת הָעוֹלָם כֻּלּוֹ בְּטוּבוֹ
בְּחֵן בְּחֶסֶד וּבְרַחֲמִים
הוּא נוֹתֵן לֶחֶם לְכָל בָּשָׂר
כִּי לְעוֹלָם חַסְדּוֹ.
וּבְטוּבוֹ הַגָּדוֹל, תָּמִיד לֹא חָסַר לָנוּ
וְאַל יֶחְסַר לָנוּ מָזוֹן לְעוֹלָם וָעֶד
בַּעֲבוּר שְׁמוֹ הַגָּדוֹל.
כִּי הוּא אֵל זָן וּמְפַרְנֵס לַכֹּל
וּמֵטִיב לַכֹּל
וּמֵכִין מָזוֹן לְכָל בְּרִיּוֹתָיו
אֲשֶׁר בָּרָא.

נוסח ספרדים:

הַב (לַן) וְנִבְרִיךְ לְמַלְכָּא עִלָּאָה קַדִּישָׁא

שָׁמַיִם

בִּרְשׁוּת מַלְכָּא עִלָּאָה קַדִּישָׁא
וּבִרְשׁוּת שַׁבָּת מַלְכְּתָא
וּבִרְשׁוּת יוֹמָא טָבָא קַדִּישָׁא
וּבִרְשׁוּת שִׁבְעָה אֻשְׁפִּיזִין עִלָּאִין קַדִּישִׁין
בִּרְשׁוּת מוֹרַי וְרַבּוֹתַי
וּבִרְשׁוּתְכֶם בִּרְשׁוּת שָׁמַיִם
נְבָרֵךְ (אֱלֹהֵינוּ) שֶׁאָכַלְנוּ מִשֶּׁלּוֹ.

בָּרוּךְ (אֱלֹהֵינוּ)
שֶׁאָכַלְנוּ מִשֶּׁלּוֹ וּבְטוּבוֹ חָיִינוּ.

בָּרוּךְ (אֱלֹהֵינוּ)
שֶׁאָכַלְנוּ מִשֶּׁלּוֹ וּבְטוּבוֹ חָיִינוּ.

בָּרוּךְ הוּא וּבָרוּךְ שְׁמוֹ
וּבָרוּךְ זִכְרוֹ לְעוֹלְמֵי עַד.

בָּרוּךְ אַתָּה יְהֹוָה, אֱלֹהֵינוּ מֶלֶךְ הָעוֹלָם
(הַזָּנֵנוּ וְלֹא מִמַּעֲשֵׂינוּ, הַמְפַרְנְסֵנוּ וְלֹא
מִצִּדְקוֹתֵינוּ, הַמַּעֲדִיף טוּבוֹ עָלֵינוּ)
(הָאֵל) הַזָּן אוֹתָנוּ וְאֶת הָעוֹלָם כֻּלּוֹ בְּטוּבוֹ
בְּחֵן בְּחֶסֶד בְּרֶוַח וּבְרַחֲמִים רַבִּים
נֹתֵן לֶחֶם לְכָל־בָּשָׂר כִּי לְעוֹלָם חַסְדּוֹ:
וּבְטוּבוֹ הַגָּדוֹל, תָּמִיד לֹא חָסַר לָנוּ
וְאַל יֶחְסַר לָנוּ מָזוֹן תָּמִיד לְעוֹלָם וָעֶד
כִּי הוּא אֵל זָן וּמְפַרְנֵס לַכֹּל
וְשֻׁלְחָנוֹ עָרוּךְ לַכֹּל
וְהִתְקִין מִחְיָה וּמָזוֹן לְכָל בְּרִיּוֹתָיו
אֲשֶׁר בָּרָא בְּרַחֲמָיו וּבְרֹב חֲסָדָיו

(כָּאָמוּר, פּוֹתֵחַ אֶת־יָדֶךָ
וּמַשְׂבִּיעַ לְכָל־חַי רָצוֹן:)
בָּרוּךְ אַתָּה יהוה, הַזָּן אֶת הַכֹּל.

נוֹדֶה לְּךָ יהוה אֱלֹהֵינוּ
עַל שֶׁהִנְחַלְתָּ לַאֲבוֹתֵינוּ
אֶרֶץ חֶמְדָּה טוֹבָה וּרְחָבָה
וְעַל שֶׁהוֹצֵאתָנוּ יהוה אֱלֹהֵינוּ
מֵאֶרֶץ מִצְרַיִם
וּפְדִיתָנוּ מִבֵּית עֲבָדִים
וְעַל בְּרִיתְךָ שֶׁחָתַמְתָּ בִּבְשָׂרֵנוּ
וְעַל תּוֹרָתְךָ שֶׁלִּמַּדְתָּנוּ
וְעַל חֻקֶּיךָ שֶׁהוֹדַעְתָּנוּ
וְעַל חַיִּים חֵן וָחֶסֶד שֶׁחוֹנַנְתָּנוּ
וְעַל אֲכִילַת מָזוֹן
שָׁאַתָּה זָן וּמְפַרְנֵס אוֹתָנוּ תָּמִיד
בְּכָל יוֹם וּבְכָל עֵת וּבְכָל שָׁעָה.

וְעַל הַכֹּל, יהוה אֱלֹהֵינוּ
אֲנַחְנוּ מוֹדִים לָךְ וּמְבָרְכִים אוֹתָךְ
יִתְבָּרַךְ שִׁמְךָ בְּפִי כָּל חַי
תָּמִיד לְעוֹלָם וָעֶד
כַּכָּתוּב: וְאָכַלְתָּ וְשָׂבָעְתָּ
וּבֵרַכְתָּ אֶת־יהוה אֱלֹהֶיךָ
עַל־הָאָרֶץ הַטֹּבָה אֲשֶׁר נָתַן־לָךְ:
בָּרוּךְ אַתָּה יהוה, עַל הָאָרֶץ וְעַל הַמָּזוֹן.

רַחֵם נָא יהוה אֱלֹהֵינוּ עַל יִשְׂרָאֵל עַמֶּךָ
וְעַל יְרוּשָׁלַיִם עִירֶךָ
וְעַל צִיּוֹן מִשְׁכַּן כְּבוֹדֶךָ
וְעַל מַלְכוּת בֵּית דָּוִד מְשִׁיחֶךָ
וְעַל הַבַּיִת הַגָּדוֹל וְהַקָּדוֹשׁ
שֶׁנִּקְרָא שִׁמְךָ עָלָיו.
אֱלֹהֵינוּ, אָבִינוּ
רְעֵנוּ, זוּנֵנוּ, פַּרְנְסֵנוּ וְכַלְכְּלֵנוּ
וְהַרְוִיחֵנוּ, וְהַרְוַח לָנוּ יהוה אֱלֹהֵינוּ

כָּאָמוּר: פּוֹתֵחַ אֶת־יָדֶךָ
וּמַשְׂבִּיעַ לְכָל־חַי רָצוֹן:
בָּרוּךְ אַתָּה יְהֹוָה, הַזָּן (בְּרַחֲמָיו) אֶת הַכֹּל.

(עַל אַרְצֵנוּ וְעַל נַחֲלַת אֲבוֹתֵינוּ)
נוֹדֶה לְךָ, יְהֹוָה אֱלֹהֵינוּ
עַל שֶׁהִנְחַלְתָּ לַאֲבוֹתֵינוּ
אֶרֶץ חֶמְדָּה טוֹבָה וּרְחָבָה
בְּרִית וְתוֹרָה, חַיִּים וּמָזוֹן
עַל שֶׁהוֹצֵאתָנוּ מֵאֶרֶץ מִצְרַיִם
וּפְדִיתָנוּ מִבֵּית עֲבָדִים
וְעַל בְּרִיתְךָ שֶׁחָתַמְתָּ בִּבְשָׂרֵנוּ
וְעַל תּוֹרָתְךָ שֶׁלִּמַּדְתָּנוּ
וְעַל חֻקֵּי רְצוֹנְךָ שֶׁהוֹדַעְתָּנוּ
וְעַל חַיִּים וּמָזוֹן שֶׁאַתָּה זָן וּמְפַרְנֵס אוֹתָנוּ.

(וְ)עַל הַכֹּל, יְהֹוָה אֱלֹהֵינוּ
אֲנַחְנוּ מוֹדִים לָךְ וּמְבָרְכִים אֶת שִׁמְךָ
כָּאָמוּר: וְאָכַלְתָּ וְשָׂבָעְתָּ
וּבֵרַכְתָּ אֶת־יְהֹוָה אֱלֹהֶיךָ
עַל־הָאָרֶץ הַטֹּבָה אֲשֶׁר נָתַן־לָךְ:
בָּרוּךְ אַתָּה יְהֹוָה, עַל הָאָרֶץ וְעַל הַמָּזוֹן.

רַחֵם יְהֹוָה אֱלֹהֵינוּ
עָלֵינוּ וְעַל יִשְׂרָאֵל עַמָּךְ
וְעַל יְרוּשָׁלַיִם עִירָךְ
וְעַל הַר צִיּוֹן מִשְׁכַּן כְּבוֹדָךְ
וְעַל הֵיכָלָךְ וְעַל מְעוֹנָךְ וְעַל דְּבִירָךְ
וְעַל הַבַּיִת הַגָּדוֹל וְהַקָּדוֹשׁ
שֶׁנִּקְרָא שִׁמְךָ עָלָיו
אָבִינוּ, רְעֵנוּ, זוּנֵנוּ, פַּרְנְסֵנוּ, כַּלְכְּלֵנוּ
הַרְוִיחֵנוּ, הַרְוַח לָנוּ מְהֵרָה מִכָּל צָרוֹתֵינוּ
וְאַל תַּצְרִיכֵנוּ, יְהֹוָה אֱלֹהֵינוּ
לִידֵי מַתְּנוֹת בָּשָׂר וָדָם
וְלֹא לִידֵי הַלְוָאָתָם
(שֶׁמַּתְּנָתָם מְעוּטָה וְחֶרְפָּתָם מְרֻבָּה)
אֶלָּא לְיָדְךָ הַמְּלֵאָה וְהָרְחָבָה

מְהֵרָה מִכָּל צָרוֹתֵינוּ.
וְנָא אַל תַּצְרִיכֵנוּ, יהוה אֱלֹהֵינוּ
לֹא לִידֵי מַתְּנַת בָּשָׂר וָדָם
וְלֹא לִידֵי הַלְוָאָתָם
כִּי אִם לְיָדְךָ הַמְּלֵאָה, הַפְּתוּחָה
הַקְּדוֹשָׁה וְהָרְחָבָה
שֶׁלֹּא נֵבוֹשׁ וְלֹא נִכָּלֵם לְעוֹלָם וָעֶד.

בשבת מוסיפים

רְצֵה וְהַחֲלִיצֵנוּ, יהוה אֱלֹהֵינוּ, בְּמִצְוֹתֶיךָ
וּבְמִצְוַת יוֹם הַשְּׁבִיעִי
הַשַּׁבָּת הַגָּדוֹל וְהַקָּדוֹשׁ הַזֶּה
כִּי יוֹם זֶה גָּדוֹל וְקָדוֹשׁ הוּא לְפָנֶיךָ
לִשְׁבָּת בּוֹ, וְלָנוּחַ בּוֹ בְּאַהֲבָה
כְּמִצְוַת רְצוֹנֶךָ
וּבִרְצוֹנְךָ הָנִיחַ לָנוּ, יהוה אֱלֹהֵינוּ
שֶׁלֹּא תְהֵא צָרָה וְיָגוֹן וַאֲנָחָה
בְּיוֹם מְנוּחָתֵנוּ
וְהַרְאֵנוּ, יהוה אֱלֹהֵינוּ
בְּנֶחָמַת צִיּוֹן עִירֶךָ
וּבְבִנְיַן יְרוּשָׁלַיִם עִיר קָדְשֶׁךָ
כִּי אַתָּה הוּא בַּעַל הַיְשׁוּעוֹת
וּבַעַל הַנֶּחָמוֹת.

עד כאן

אֱלֹהֵינוּ וֵאלֹהֵי אֲבוֹתֵינוּ
יַעֲלֶה וְיָבוֹא
וְיַגִּיעַ וְיֵרָאֶה וְיֵרָצֶה וְיִשָּׁמַע
וְיִפָּקֵד וְיִזָּכֵר זִכְרוֹנֵנוּ וּפִקְדוֹנֵנוּ
וְזִכְרוֹן אֲבוֹתֵינוּ
וְזִכְרוֹן מָשִׁיחַ בֶּן דָּוִד עַבְדֶּךָ
וְזִכְרוֹן יְרוּשָׁלַיִם עִיר קָדְשֶׁךָ
וְזִכְרוֹן כָּל עַמְּךָ בֵּית יִשְׂרָאֵל
לְפָנֶיךָ, לִפְלֵיטָה לְטוֹבָה
לְחֵן וּלְחֶסֶד וּלְרַחֲמִים
לְחַיִּים וּלְשָׁלוֹם בְּיוֹם
חַג הַמַּצּוֹת הַזֶּה.

הָעֲשִׁירָה וְהַפְּתוּחָה.
יְהִי רָצוֹן שֶׁלֹּא נֵבוֹשׁ בָּעוֹלָם הַזֶּה
וְלֹא נִכָּלֵם לָעוֹלָם הַבָּא
וּמַלְכוּת בֵּית דָּוִד מְשִׁיחָךְ
תַּחֲזִירֶנָּה לִמְקוֹמָהּ בִּמְהֵרָה בְיָמֵינוּ.

בשבת מוסיפים

רְצֵה וְהַחֲלִיצֵנוּ, יְהוָה אֱלֹהֵינוּ, בְּמִצְוֹתֶיךָ
וּבְמִצְוַת יוֹם הַשְּׁבִיעִי
הַשַּׁבָּת הַגָּדוֹל וְהַקָּדוֹשׁ הַזֶּה
כִּי יוֹם גָּדוֹל וְקָדוֹשׁ הוּא מִלְּפָנֶיךָ.
נִשְׁבֹּת בּוֹ וְנָנוּחַ בּוֹ (וְנִתְעַנֵּג בּוֹ)
כְּמִצְוַת חֻקֵּי רְצוֹנָךְ
וְאַל תְּהִי צָרָה וְיָגוֹן בְּיוֹם מְנוּחָתֵנוּ
וְהַרְאֵנוּ בְּנֶחָמַת צִיּוֹן בִּמְהֵרָה בְיָמֵינוּ
כִּי אַתָּה הוּא בַּעַל הַנֶּחָמוֹת.
וַהֲגַם שֶׁאָכַלְנוּ וְשָׁתִינוּ
חָרְבַּן בֵּיתְךָ הַגָּדוֹל וְהַקָּדוֹשׁ לֹא שָׁכַחְנוּ.
אַל תִּשְׁכָּחֵנוּ לָנֶצַח וְאַל תִּזְנָחֵנוּ לָעַד
כִּי אֵל מֶלֶךְ גָּדוֹל וְקָדוֹשׁ אָתָּה.

עד כאן

אֱלֹהֵינוּ וֵאלֹהֵי אֲבוֹתֵינוּ
יַעֲלֶה וְיָבוֹא, יַגִּיעַ יֵרָאֶה וְיֵרָצֶה
יִשָּׁמַע יִפָּקֵד וְיִזָּכֵר זִכְרוֹנֵנוּ וְזִכְרוֹן אֲבוֹתֵינוּ
זִכְרוֹן יְרוּשָׁלַיִם עִירָךְ
וְזִכְרוֹן מָשִׁיחַ בֶּן דָּוִד עַבְדָּךְ
וְזִכְרוֹן כָּל עַמְּךָ בֵּית יִשְׂרָאֵל
לְפָנֶיךָ, לִפְלֵיטָה לְטוֹבָה
לְחֵן וּלְחֶסֶד וּלְרַחֲמִים
(לְחַיִּים טוֹבִים וּלְשָׁלוֹם)
בְּיוֹם חַג הַמַּצּוֹת הַזֶּה
בְּיוֹם טוֹב מִקְרָא קֹדֶשׁ הַזֶּה
לְרַחֵם בּוֹ עָלֵינוּ וּלְהוֹשִׁיעֵנוּ.
זָכְרֵנוּ יְהוָה אֱלֹהֵינוּ בּוֹ לְטוֹבָה

זָכְרֵנוּ יהוה אֱלֹהֵינוּ בּוֹ לְטוֹבָה
וּפָקְדֵנוּ בוֹ לִבְרָכָה
וְהוֹשִׁיעֵנוּ בוֹ לְחַיִּים טוֹבִים.
וּבִדְבַר יְשׁוּעָה וְרַחֲמִים
חוּס וְחָנֵּנוּ וְרַחֵם עָלֵינוּ, וְהוֹשִׁיעֵנוּ
כִּי אֵלֶיךָ עֵינֵינוּ
כִּי אֵל (מֶלֶךְ) חַנּוּן וְרַחוּם אָתָּה.

וּבְנֵה יְרוּשָׁלַיִם עִיר הַקֹּדֶשׁ
בִּמְהֵרָה בְיָמֵינוּ.
בָּרוּךְ אַתָּה יהוה
בּוֹנֶה בְרַחֲמָיו יְרוּשָׁלָיִם, אָמֵן.

בָּרוּךְ אַתָּה יהוה אֱלֹהֵינוּ מֶלֶךְ הָעוֹלָם
הָאֵל אָבִינוּ, מַלְכֵּנוּ, אַדִּירֵנוּ
בּוֹרְאֵנוּ, גּוֹאֲלֵנוּ, יוֹצְרֵנוּ, קְדוֹשֵׁנוּ
קְדוֹשׁ יַעֲקֹב
רוֹעֵנוּ, רוֹעֵה יִשְׂרָאֵל
הַמֶּלֶךְ הַטּוֹב וְהַמֵּיטִיב לַכֹּל
שֶׁבְּכָל יוֹם וָיוֹם
הוּא הֵיטִיב, הוּא מֵיטִיב, הוּא יֵיטִיב לָנוּ
הוּא גְמָלָנוּ, הוּא גוֹמְלֵנוּ
הוּא יִגְמְלֵנוּ לָעַד
לְחֵן וּלְחֶסֶד וּלְרַחֲמִים, וּלְרֶוַח
הַצָּלָה וְהַצְלָחָה
בְּרָכָה וִישׁוּעָה, נֶחָמָה, פַּרְנָסָה וְכַלְכָּלָה
וְרַחֲמִים וְחַיִּים וְשָׁלוֹם וְכָל טוֹב
וּמִכָּל טוּב לְעוֹלָם אַל יְחַסְּרֵנוּ.

הָרַחֲמָן הוּא יִמְלֹךְ עָלֵינוּ לְעוֹלָם וָעֶד.

הָרַחֲמָן הוּא יִתְבָּרַךְ בַּשָּׁמַיִם וּבָאָרֶץ.

הָרַחֲמָן הוּא יִשְׁתַּבַּח לְדוֹר דּוֹרִים
וְיִתְפָּאַר בָּנוּ לָעַד וּלְנֵצַח נְצָחִים
וְיִתְהַדַּר בָּנוּ לָעַד
וּלְעוֹלְמֵי עוֹלָמִים.

וּפָקְדֵנוּ בוֹ לִבְרָכָה
וְהוֹשִׁיעֵנוּ בוֹ לְחַיִּים טוֹבִים
בִּדְבַר יְשׁוּעָה וְרַחֲמִים.
חוּס וְחָנֵּנוּ וַחֲמֹל וְרַחֵם עָלֵינוּ, וְהוֹשִׁיעֵנוּ
כִּי אֵלֶיךָ עֵינֵינוּ
כִּי אֵל מֶלֶךְ חַנּוּן וְרַחוּם אָתָּה.

וְתִבְנֶה יְרוּשָׁלַיִם עִירָךְ בִּמְהֵרָה בְיָמֵינוּ.
בָּרוּךְ אַתָּה יְהֹוָה
בּוֹנֵה (בְרַחֲמָיו בִּנְיַן) יְרוּשָׁלָיִם. אָמֵן.
(בְּחַיֵּינוּ וּבְחַיֵּי כָּל קְהַל בֵּית יִשְׂרָאֵל
תִּבָּנֶה עִיר צִיּוֹן בְּרִנָּה
וְתִכּוֹן עֲבוֹדַת הַקֹּדֶשׁ בִּירוּשָׁלַיִם
וְאַרְמוֹן עַל מִשְׁפָּטוֹ יֵשֵׁב בְּקָרוֹב כְּבָרִאשׁוֹנָה)

בָּרוּךְ אַתָּה יְהֹוָה, אֱלֹהֵינוּ מֶלֶךְ הָעוֹלָם
(לָעַד) הָאֵל אָבִינוּ, מַלְכֵּנוּ, אַדִּירֵנוּ
בּוֹרְאֵנוּ, גּוֹאֲלֵנוּ, קְדוֹשֵׁנוּ, קְדוֹשׁ יַעֲקֹב
רוֹעֵנוּ, רוֹעֵה יִשְׂרָאֵל
הַמֶּלֶךְ הַטּוֹב וְהַמֵּיטִיב לַכֹּל
שֶׁבְּכָל יוֹם וָיוֹם
הוּא הֵיטִיב לָנוּ, הוּא מֵיטִיב לָנוּ
הוּא יֵיטִיב לָנוּ
הוּא גְמָלָנוּ, הוּא גוֹמְלֵנוּ, הוּא יִגְמְלֵנוּ לָעַד
חֵן וָחֶסֶד וְרַחֲמִים, וְרֶוַח וְהַצָּלָה וְכָל טוֹב.

הָרַחֲמָן הוּא יִשְׁתַּבַּח עַל כִּסֵּא כְבוֹדוֹ.

הָרַחֲמָן הוּא יִשְׁתַּבַּח בַּשָּׁמַיִם וּבָאָרֶץ.

הָרַחֲמָן הוּא יִשְׁתַּבַּח בָּנוּ לְדוֹר דּוֹרִים.

הָרַחֲמָן הוּא קֶרֶן לְעַמּוֹ יָרִים.

הָרַחֲמָן הוּא יִתְפָּאַר בָּנוּ לְנֵצַח נְצָחִים.

הָרַחֲמָן הוּא יְפַרְנְסֵנוּ בְּכָבוֹד.

הָרַחֲמָן הוּא יִשְׁבֹּר עֻלֵּנוּ מֵעַל צַוָּארֵנוּ
וְהוּא יוֹלִיכֵנוּ קוֹמְמִיּוּת לְאַרְצֵנוּ.

הָרַחֲמָן הוּא יִשְׁלַח לָנוּ בְּרָכָה מְרֻבָּה
בַּבַּיִת הַזֶּה
וְעַל שֻׁלְחָן זֶה שֶׁאָכַלְנוּ עָלָיו.

הָרַחֲמָן הוּא יִשְׁלַח לָנוּ
אֶת אֵלִיָּהוּ הַנָּבִיא זָכוּר לַטּוֹב
וִיבַשֶּׂר לָנוּ
בְּשׂוֹרוֹת טוֹבוֹת יְשׁוּעוֹת וְנֶחָמוֹת.

הָרַחֲמָן הוּא יְבָרֵךְ אֶת מְדִינַת יִשְׂרָאֵל
רֵאשִׁית צְמִיחַת גְּאֻלָּתֵנוּ.

הָרַחֲמָן הוּא יְבָרֵךְ אֶת חַיָּלֵי
צְבָא הַהֲגָנָה לְיִשְׂרָאֵל
הָעוֹמְדִים עַל מִשְׁמַר אַרְצֵנוּ.

בעל הבית ובעלת הבית אומרים:

הָרַחֲמָן הוּא יְבָרֵךְ אוֹתִי (וְאֶת אִשְׁתִּי / וְאֶת בַּעֲלִי / וְאֶת אָבִי מוֹרִי / וְאֶת אִמִּי מוֹרָתִי / וְאֶת זַרְעִי) וְאֶת כָּל אֲשֶׁר לִי

ילדים האוכלים על שולחן הוריהם אומרים:

הָרַחֲמָן הוּא יְבָרֵךְ אֶת אָבִי מוֹרִי (בַּעַל הַבַּיִת הַזֶּה), וְאֶת אִמִּי מוֹרָתִי (בַּעֲלַת הַבַּיִת הַזֶּה), אוֹתָם וְאֶת בֵּיתָם וְאֶת זַרְעָם וְאֶת כָּל אֲשֶׁר לָהֶם

אורח אומר:

הָרַחֲמָן הוּא יְבָרֵךְ אֶת בַּעַל הַבַּיִת הַזֶּה, וְאֶת בַּעֲלַת הַבַּיִת הַזֶּה, אוֹתָם וְאֶת בֵּיתָם וְאֶת זַרְעָם וְאֶת כָּל אֲשֶׁר לָהֶם

הָרַחֲמָן הוּא יְפַרְנְסֵנוּ בְּכָבוֹד וְלֹא בְּבִזּוּי
(בְּהֶתֵּר וְלֹא בְאִסּוּר)
בְּנַחַת וְלֹא בְצַעַר
(בְּרֶוַח וְלֹא בְצִמְצוּם).

הָרַחֲמָן הוּא יִתֵּן שָׁלוֹם בֵּינֵינוּ.

הָרַחֲמָן הוּא יִשְׁלַח בְּרָכָה רְוָחָה וְהַצְלָחָה
בְּכָל מַעֲשֵׂה יָדֵינוּ.

הָרַחֲמָן הוּא יַצְלִיחַ אֶת דְּרָכֵינוּ.

הָרַחֲמָן הוּא יִשְׁבֹּר עֹל הַגּוֹיִם מְהֵרָה
מֵעַל צַוָּארֵינוּ.

הָרַחֲמָן הוּא יוֹלִיכֵנוּ מְהֵרָה קוֹמְמִיּוּת
לְאַרְצֵנוּ.

הָרַחֲמָן הוּא יִרְפָּאֵנוּ רְפוּאָה שְׁלֵמָה
רְפוּאַת הַנֶּפֶשׁ וּרְפוּאַת הַגּוּף.

הָרַחֲמָן הוּא יִפְתַּח לָנוּ אֶת יָדוֹ הָרְחָבָה.

הָרַחֲמָן הוּא יְבָרֵךְ כָּל אֶחָד וְאֶחָד מִמֶּנּוּ
בִּשְׁמוֹ הַגָּדוֹל
כְּמוֹ שֶׁנִּתְבָּרְכוּ אֲבוֹתֵינוּ
(הַקְּדוֹשִׁים וְהַטְּהוֹרִים)
אַבְרָהָם יִצְחָק וְיַעֲקֹב
בַּכֹּל, מִכֹּל, כֹּל
כֵּן יְבָרֵךְ אוֹתָנוּ יַחַד בְּרָכָה שְׁלֵמָה
וְכֵן יְהִי רָצוֹן וְנֹאמַר אָמֵן.

הָרַחֲמָן הוּא יִפְרֹשׂ עָלֵינוּ סֻכַּת שְׁלוֹמוֹ.

בשבת: הָרַחֲמָן הוּא יַנְחִילֵנוּ עוֹלָם שֶׁכֻּלּוֹ
שַׁבָּת וּמְנוּחָה לְחַיֵּי הָעוֹלָמִים.

הָרַחֲמָן הוּא יִטַּע תּוֹרָתוֹ וְאַהֲבָתוֹ בְּלִבֵּנוּ
וְתִהְיֶה יִרְאָתוֹ עַל פָּנֵינוּ לְבִלְתִּי נֶחֱטָא
וְיִהְיוּ כָל מַעֲשֵׂינוּ לְשֵׁם שָׁמָיִם.

אם יש אורחים נוספים, מוסיפים:

וְאֶת כָּל הַמְּסֻבִּין כָּאן אוֹתָם וְאֶת בֵּיתָם
וְאֶת זַרְעָם וְאֶת כָּל אֲשֶׁר לָהֶם

אוֹתָנוּ וְאֶת כָּל אֲשֶׁר לָנוּ
כְּמוֹ שֶׁנִּתְבָּרְכוּ אֲבוֹתֵינוּ
אַבְרָהָם יִצְחָק וְיַעֲקֹב,
בַּכֹּל, מִכֹּל, כֹּל
כֵּן יְבָרֵךְ אוֹתָנוּ כֻּלָּנוּ יַחַד בִּבְרָכָה שְׁלֵמָה
וְנֹאמַר אָמֵן.

בַּמָּרוֹם יְלַמְּדוּ עֲלֵיהֶם וְעָלֵינוּ
זְכוּת שֶׁתְּהֵא לְמִשְׁמֶרֶת שָׁלוֹם
וְנִשָּׂא בְרָכָה מֵאֵת יהוה
וּצְדָקָה מֵאֱלֹהֵי יִשְׁעֵנוּ
וְנִמְצָא חֵן וְשֵׂכֶל טוֹב
בְּעֵינֵי אֱלֹהִים וְאָדָם.

בשבת: הָרַחֲמָן הוּא יַנְחִילֵנוּ
יוֹם שֶׁכֻּלּוֹ שַׁבָּת וּמְנוּחָה לְחַיֵּי
הָעוֹלָמִים.

הָרַחֲמָן הוּא יַנְחִילֵנוּ יוֹם שֶׁכֻּלּוֹ טוֹב.
יוֹם שֶׁכֻּלּוֹ אָרוּךְ
יוֹם שֶׁהַצַּדִּיקִים יוֹשְׁבִים
וְעַטְרוֹתֵיהֶם בְּרָאשֵׁיהֶם
וְנֶהֱנִים מִזִּיו הַשְּׁכִינָה
וִיהְיֶה חֶלְקֵנוּ עִמָּהֶם

הָרַחֲמָן הוּא יְזַכֵּנוּ לִימוֹת הַמָּשִׁיחַ
וּלְחַיֵּי הָעוֹלָם הַבָּא

מִגְדּוֹל יְשׁוּעוֹת מַלְכּוֹ
וְעֹשֶׂה־חֶסֶד לִמְשִׁיחוֹ לְדָוִד וּלְזַרְעוֹ
עַד־עוֹלָם:
עֹשֶׂה שָׁלוֹם בִּמְרוֹמָיו, הוּא יַעֲשֶׂה שָׁלוֹם
עָלֵינוּ וְעַל כָּל יִשְׂרָאֵל וְאִמְרוּ אָמֵן.

אורח אומר:

הָרַחֲמָן הוּא יְבָרֵךְ אֶת הַשֻּׁלְחָן הַזֶּה שֶׁאָכַלְנוּ עָלָיו וִיסַדֵּר בּוֹ כָּל מַעֲדַנֵּי עוֹלָם, וְיִהְיֶה כְּשֻׁלְחָנוֹ שֶׁל אַבְרָהָם אָבִינוּ, כָּל רָעֵב מִמֶּנּוּ יֹאכַל וְכָל צָמֵא מִמֶּנּוּ יִשְׁתֶּה, וְאַל יֶחְסַר מִמֶּנּוּ כָּל טוּב לָעַד וּלְעוֹלְמֵי עוֹלָמִים, אָמֵן.

הָרַחֲמָן הוּא יְבָרֵךְ אֶת בַּעַל הַבַּיִת הַזֶּה וּבַעַל הַסְּעֻדָּה הַזֹּאת, הוּא וּבָנָיו וְאִשְׁתּוֹ וְכָל אֲשֶׁר לוֹ, בְּבָנִים שֶׁיִּחְיוּ וּבִנְכָסִים שֶׁיִּרְבּוּ. בָּרֵךְ יְהוָה חֵילוֹ וּפֹעַל יָדָיו תִּרְצֶה: וְיִהְיוּ נְכָסָיו וּנְכָסֵינוּ מֻצְלָחִים וּקְרוֹבִים לָעִיר, וְאַל יִזְדַּקֵּק לְפָנָיו וְלֹא לְפָנֵינוּ שׁוּם דְּבַר חֵטְא וְהִרְהוּר עָוֹן. וְיִהְיֶה שָׂשׂ וְשָׂמֵחַ כָּל הַיָּמִים, בְּעֹשֶׁר וְכָבוֹד, מֵעַתָּה וְעַד עוֹלָם. לֹא יֵבוֹשׁ בָּעוֹלָם הַזֶּה וְלֹא יִכָּלֵם לָעוֹלָם הַבָּא. אָמֵן כֵּן יְהִי רָצוֹן.

הָרַחֲמָן הוּא יְחַיֵּינוּ וִיזַכֵּנוּ וִיקָרְבֵנוּ
לִימוֹת הַמָּשִׁיחַ וּלְבִנְיַן בֵּית הַמִּקְדָּשׁ
וּלְחַיֵּי הָעוֹלָם הַבָּא.

מִגְדּוֹל יְשׁוּעוֹת מַלְכּוֹ
וְעֹשֶׂה־חֶסֶד לִמְשִׁיחוֹ לְדָוִד וּלְזַרְעוֹ
עַד־עוֹלָם:
כְּפִירִים רָשׁוּ וְרָעֵבוּ
וְדֹרְשֵׁי יְהוָה לֹא־יַחְסְרוּ כָל־טוֹב:
נַעַר הָיִיתִי גַּם־זָקַנְתִּי
וְלֹא־רָאִיתִי צַדִּיק נֶעֱזָב
וְזַרְעוֹ מְבַקֶּשׁ־לָחֶם:
כָּל־הַיּוֹם חוֹנֵן וּמַלְוֶה, וְזַרְעוֹ לִבְרָכָה:
מַה שֶּׁאָכַלְנוּ יִהְיֶה לְשָׂבְעָה
וּמַה שֶּׁשָּׁתִינוּ יִהְיֶה לִרְפוּאָה
וּמַה שֶּׁהוֹתַרְנוּ יִהְיֶה לִבְרָכָה
כְּדִכְתִיב:

יְראוּ אֶת־יהוה קְדֹשָׁיו
כִּי־אֵין מַחְסוֹר לִירֵאָיו:
כְּפִירִים רָשׁוּ וְרָעֵבוּ
וְדֹרְשֵׁי יהוה לֹא־יַחְסְרוּ כָל־טוֹב:
הוֹדוּ לַיהוה כִּי־טוֹב כִּי לְעוֹלָם חַסְדּוֹ:
פּוֹתֵחַ אֶת־יָדֶךָ וּמַשְׂבִּיעַ לְכָל־חַי רָצוֹן:
בָּרוּךְ הַגֶּבֶר אֲשֶׁר יִבְטַח בַּיהוה
וְהָיָה יהוה מִבְטַחוֹ:
נַעַר הָיִיתִי גַּם־זָקַנְתִּי
וְלֹא־רָאִיתִי צַדִּיק נֶעֱזָב
וְזַרְעוֹ מְבַקֶּשׁ־לָחֶם:
יהוה עֹז לְעַמּוֹ יִתֵּן
יהוה יְבָרֵךְ אֶת־עַמּוֹ בַשָּׁלוֹם:

וַיִּתֵּן לִפְנֵיהֶם וַיֹּאכְלוּ וַיּוֹתִרוּ כִּדְבַר יְהֹוָה:
בְּרוּכִים אַתֶּם לַיהֹוָה, עֹשֵׂה שָׁמַיִם וָאָרֶץ:
בָּרוּךְ הַגֶּבֶר אֲשֶׁר יִבְטַח בַּיהֹוָה
וְהָיָה יְהֹוָה מִבְטַחוֹ:
יְהֹוָה עֹז לְעַמּוֹ יִתֵּן
יְהֹוָה יְבָרֵךְ אֶת־עַמּוֹ בַשָּׁלוֹם:
עוֹשֶׂה שָׁלוֹם בִּמְרוֹמָיו
הוּא בְרַחֲמָיו יַעֲשֶׂה שָׁלוֹם עָלֵינוּ
וְעַל כָּל עַמּוֹ יִשְׂרָאֵל, וְאִמְרוּ אָמֵן.

ליל הסדר בסוחומי, גיאורגיה 1959

הִנְנִי מוּכָן וּמְזֻמָּן לְקַיֵּם מִצְוַת כּוֹס שְׁלִישִׁי שֶׁל אַרְבַּע כּוֹסוֹת
לְשֵׁם יִחוּד קֻדְשָׁא בְּרִיךְ הוּא וּשְׁכִינְתֵּהּ עַל יְדֵי הַהוּא טָמִיר וְנֶעְלָם בְּשֵׁם כָּל יִשְׂרָאֵל.

בָּרוּךְ אַתָּה יהוה אֱלֹהֵינוּ מֶלֶךְ הָעוֹלָם
בּוֹרֵא פְּרִי הַגָּפֶן.

שותים כוס שלישי בהסבת שמאל.

מוזגים כוסו של אליהו, פותחים את הדלת ואומרים:

שְׁפֹךְ חֲמָתְךָ אֶל־הַגּוֹיִם אֲשֶׁר לֹא־יְדָעוּךָ תהלים עט
וְעַל מַמְלָכוֹת אֲשֶׁר בְּשִׁמְךָ לֹא קָרָאוּ:
כִּי אָכַל אֶת־יַעֲקֹב וְאֶת־נָוֵהוּ הֵשַׁמּוּ:
שְׁפָךְ־עֲלֵיהֶם זַעְמֶךָ וַחֲרוֹן אַפְּךָ יַשִּׂיגֵם: תהלים סט
תִּרְדֹּף בְּאַף וְתַשְׁמִידֵם מִתַּחַת שְׁמֵי יהוה: איכה ג

סדר פסח במחנה עקורים בפלדפינג, גרמניה 1947

בקהילות אשכנז נוהגים למזוג כוס יין חמישי, המכונה 'כוסו של אליהו הנביא'.

כוס זו ככל הנראה היא כנגד לשון הגאולה החמישית – "והבאתי", בעוד ארבע הראשונות היו כנגד ארבע לשונות הגאולה שנאמרו למשה במצרים על ידי ה' – "והוצאתי... והצלתי... וגאלתי... ולקחתי" (שמות ו, ו-ח). אומנם זכינו לשוב אל ארץ אבותינו, אך טרם הופיע אליהו נביא הגאולה ובישר על עידן המשיח. בשאיפה להגיע כבר לעידן זה אנחנו מוזגים את כוס היין לאליהו שרק יגיע וישתה, וגם ניגשים לפתוח את הדלת לקבל את פניו.

בקהילות אשכנז ניגשים לדלת ופותחים אותה לפני אמירת "שפוך חמתך".

בתקופות רבות ובתפוצות רבות חגיגת ליל הסדר, שהיא בעצם חגיגת הברית של עם ישראל עם ה', הייתה צריכה להתנהל בחשאיות, בתריסים מוגפים בעליית גג או בלחשושים מתחת לאדמה. מבחינת העם שנועד 'לקרוא בשם ה" זוהי מציאות עגומה ואירונית עד כאב. כשביכולתנו לגשת ולפתוח את הדלת בלי פחד, אנחנו עושים זאת – בחצות, זמן הגאולה ממצרים – בתפילה שה' יאפשר לנו לקרוא בשמו תמיד, ולא ייתן לאחרים לכופף את ראשנו שוב.

הלל

מוזגים כוס רביעי וגומרים עליו את ההלל:

תהלים קטו

לֹא לָנוּ יהוה לֹא לָנוּ

כִּי־לְשִׁמְךָ תֵּן כָּבוֹד עַל־חַסְדְּךָ עַל־אֲמִתֶּךָ:

לָמָּה יֹאמְרוּ הַגּוֹיִם אַיֵּה־נָא אֱלֹהֵיהֶם:

וֵאלֹהֵינוּ בַשָּׁמָיִם, כֹּל אֲשֶׁר־חָפֵץ עָשָׂה:

עֲצַבֵּיהֶם כֶּסֶף וְזָהָב, מַעֲשֵׂה יְדֵי אָדָם:

פֶּה־לָהֶם וְלֹא יְדַבֵּרוּ, עֵינַיִם לָהֶם וְלֹא יִרְאוּ:

אָזְנַיִם לָהֶם וְלֹא יִשְׁמָעוּ, אַף לָהֶם וְלֹא יְרִיחוּן:

יְדֵיהֶם וְלֹא יְמִישׁוּן, רַגְלֵיהֶם וְלֹא יְהַלֵּכוּ, לֹא־יֶהְגּוּ בִּגְרוֹנָם:

כְּמוֹהֶם יִהְיוּ עֹשֵׂיהֶם, כֹּל אֲשֶׁר־בֹּטֵחַ בָּהֶם:

יִשְׂרָאֵל בְּטַח בַּיהוה, עֶזְרָם וּמָגִנָּם הוּא:

בֵּית אַהֲרֹן בִּטְחוּ בַיהוה, עֶזְרָם וּמָגִנָּם הוּא:

יִרְאֵי יהוה בִּטְחוּ בַיהוה, עֶזְרָם וּמָגִנָּם הוּא:

יהוה זְכָרָנוּ יְבָרֵךְ
יְבָרֵךְ אֶת־בֵּית יִשְׂרָאֵל
יְבָרֵךְ אֶת־בֵּית אַהֲרֹן:
יְבָרֵךְ יִרְאֵי יהוה, הַקְּטַנִּים עִם־הַגְּדֹלִים:
יֹסֵף יהוה עֲלֵיכֶם, עֲלֵיכֶם וְעַל־בְּנֵיכֶם:
בְּרוּכִים אַתֶּם לַיהוה, עֹשֵׂה שָׁמַיִם וָאָרֶץ:
הַשָּׁמַיִם שָׁמַיִם לַיהוה, וְהָאָרֶץ נָתַן לִבְנֵי־אָדָם:
לֹא הַמֵּתִים יְהַלְלוּ־יָהּ, וְלֹא כָּל־יֹרְדֵי דוּמָה:
וַאֲנַחְנוּ נְבָרֵךְ יָהּ, מֵעַתָּה וְעַד־עוֹלָם

הַלְלוּיָהּ:

תהלים קטז

אָהַבְתִּי, כִּי־יִשְׁמַע יהוה, אֶת־קוֹלִי תַּחֲנוּנָי:
כִּי־הִטָּה אָזְנוֹ לִי, וּבְיָמַי אֶקְרָא:
אֲפָפוּנִי חֶבְלֵי־מָוֶת, וּמְצָרֵי שְׁאוֹל מְצָאוּנִי, צָרָה וְיָגוֹן אֶמְצָא:
וּבְשֵׁם־יהוה אֶקְרָא, אָנָּה יהוה מַלְּטָה נַפְשִׁי:
חַנּוּן יהוה וְצַדִּיק, וֵאלֹהֵינוּ מְרַחֵם:
שֹׁמֵר פְּתָאיִם יהוה, דַּלּוֹתִי וְלִי יְהוֹשִׁיעַ:
שׁוּבִי נַפְשִׁי לִמְנוּחָיְכִי, כִּי־יהוה גָּמַל עָלָיְכִי:
כִּי חִלַּצְתָּ נַפְשִׁי מִמָּוֶת
אֶת־עֵינִי מִן־דִּמְעָה
אֶת־רַגְלִי מִדֶּחִי:
אֶתְהַלֵּךְ לִפְנֵי יהוה, בְּאַרְצוֹת הַחַיִּים:
הֶאֱמַנְתִּי כִּי אֲדַבֵּר, אֲנִי עָנִיתִי מְאֹד:
אֲנִי אָמַרְתִּי בְחָפְזִי, כָּל־הָאָדָם כֹּזֵב:

מָה־אָשִׁיב לַיהוה, כָּל־תַּגְמוּלוֹהִי עָלָי:
כּוֹס־יְשׁוּעוֹת אֶשָּׂא, וּבְשֵׁם יהוה אֶקְרָא:
נְדָרַי לַיהוה אֲשַׁלֵּם, נֶגְדָה־נָּא לְכָל־עַמּוֹ:
יָקָר בְּעֵינֵי יהוה, הַמָּוְתָה לַחֲסִידָיו:
אָנָּה יהוה כִּי־אֲנִי עַבְדֶּךָ
אֲנִי־עַבְדְּךָ בֶּן־אֲמָתֶךָ, פִּתַּחְתָּ לְמוֹסֵרָי:
לְךָ־אֶזְבַּח זֶבַח תּוֹדָה, וּבְשֵׁם יהוה אֶקְרָא:
נְדָרַי לַיהוה אֲשַׁלֵּם, נֶגְדָה־נָּא לְכָל־עַמּוֹ:
בְּחַצְרוֹת בֵּית יהוה, בְּתוֹכֵכִי יְרוּשָׁלָםִ

הַלְלוּיָהּ:

תהלים קיז הַלְלוּ אֶת־יהוה כָּל־גּוֹיִם, שַׁבְּחוּהוּ כָּל־הָאֻמִּים:
כִּי גָבַר עָלֵינוּ חַסְדּוֹ, וֶאֱמֶת־יהוה לְעוֹלָם

הַלְלוּיָהּ:

תהלים קיח הוֹדוּ לַיהוה כִּי־טוֹב כִּי לְעוֹלָם חַסְדּוֹ:
יֹאמַר־נָא יִשְׂרָאֵל כִּי לְעוֹלָם חַסְדּוֹ:
יֹאמְרוּ־נָא בֵית־אַהֲרֹן כִּי לְעוֹלָם חַסְדּוֹ:
יֹאמְרוּ־נָא יִרְאֵי יהוה כִּי לְעוֹלָם חַסְדּוֹ:

מִן־הַמֵּצַר קָרָאתִי יָּהּ, עָנָנִי בַמֶּרְחָב יָהּ:
יהוה לִי לֹא אִירָא, מַה־יַּעֲשֶׂה לִי אָדָם:
יהוה לִי בְּעֹזְרָי, וַאֲנִי אֶרְאֶה בְשֹׂנְאָי:
טוֹב לַחֲסוֹת בַּיהוה, מִבְּטֹחַ בָּאָדָם:
טוֹב לַחֲסוֹת בַּיהוה, מִבְּטֹחַ בִּנְדִיבִים:

פסח, מרוקו, שנה לא ידועה

כָּל־גּוֹיִם סְבָבוּנִי, בְּשֵׁם יהוה כִּי אֲמִילַם:
סַבּוּנִי גַם־סְבָבוּנִי, בְּשֵׁם יהוה כִּי אֲמִילַם:
סַבּוּנִי כִדְבֹרִים, דֹּעֲכוּ כְּאֵשׁ קוֹצִים, בְּשֵׁם יהוה כִּי אֲמִילַם:
דָּחֹה דְחִיתַנִי לִנְפֹּל, וַיהוה עֲזָרָנִי:
עָזִּי וְזִמְרָת יָהּ, וַיְהִי־לִי לִישׁוּעָה:
קוֹל רִנָּה וִישׁוּעָה בְּאָהֳלֵי צַדִּיקִים, יְמִין יהוה עֹשָׂה חָיִל:
יְמִין יהוה רוֹמֵמָה, יְמִין יהוה עֹשָׂה חָיִל:
לֹא־אָמוּת כִּי־אֶחְיֶה, וַאֲסַפֵּר מַעֲשֵׂי יָהּ:
יַסֹּר יִסְּרַנִּי יָּהּ, וְלַמָּוֶת לֹא נְתָנָנִי:
פִּתְחוּ־לִי שַׁעֲרֵי־צֶדֶק, אָבֹא־בָם אוֹדֶה יָהּ:
זֶה־הַשַּׁעַר לַיהוה, צַדִּיקִים יָבֹאוּ בוֹ:

אוֹדְךָ כִּי עֲנִיתָנִי, וַתְּהִי־לִי לִישׁוּעָה:
אוֹדְךָ כִּי עֲנִיתָנִי, וַתְּהִי־לִי לִישׁוּעָה:

אֶבֶן מָאֲסוּ הַבּוֹנִים, הָיְתָה לְרֹאשׁ פִּנָּה:
אֶבֶן מָאֲסוּ הַבּוֹנִים, הָיְתָה לְרֹאשׁ פִּנָּה:

מֵאֵת יהוה הָיְתָה זֹּאת, הִיא נִפְלָאת בְּעֵינֵינוּ:
מֵאֵת יהוה הָיְתָה זֹּאת, הִיא נִפְלָאת בְּעֵינֵינוּ:

זֶה־הַיּוֹם עָשָׂה יהוה, נָגִילָה וְנִשְׂמְחָה בוֹ:
זֶה־הַיּוֹם עָשָׂה יהוה, נָגִילָה וְנִשְׂמְחָה בוֹ:

אָנָּא יהוה הוֹשִׁיעָה נָּא: אָנָּא יהוה הוֹשִׁיעָה נָּא:
אָנָּא יהוה הַצְלִיחָה נָּא: אָנָּא יהוה הַצְלִיחָה נָּא:

בָּרוּךְ הַבָּא בְּשֵׁם יהוה, בֵּרַכְנוּכֶם מִבֵּית יהוה:

בָּרוּךְ הַבָּא בְּשֵׁם יהוה, בֵּרַכְנוּכֶם מִבֵּית יהוה:

אֵל יהוה וַיָּאֶר לָנוּ, אִסְרוּ־חַג בַּעֲבֹתִים עַד־קַרְנוֹת הַמִּזְבֵּחַ:

אֵל יהוה וַיָּאֶר לָנוּ, אִסְרוּ־חַג בַּעֲבֹתִים עַד־קַרְנוֹת הַמִּזְבֵּחַ:

אֵלִי אַתָּה וְאוֹדֶךָּ, אֱלֹהַי אֲרוֹמְמֶךָּ:

אֵלִי אַתָּה וְאוֹדֶךָּ, אֱלֹהַי אֲרוֹמְמֶךָּ:

הוֹדוּ לַיהוה כִּי־טוֹב, כִּי לְעוֹלָם חַסְדּוֹ:

הוֹדוּ לַיהוה כִּי־טוֹב, כִּי לְעוֹלָם חַסְדּוֹ:

פסחים קיח.

יְהַלְלוּךָ יהוה אֱלֹהֵינוּ כָּל מַעֲשֶׂיךָ
וַחֲסִידֶיךָ צַדִּיקִים עוֹשֵׂי רְצוֹנֶךָ
וְכָל עַמְּךָ בֵּית יִשְׂרָאֵל
בְּרִנָּה יוֹדוּ וִיבָרְכוּ וִישַׁבְּחוּ וִיפָאֲרוּ וִירוֹמְמוּ וְיַעֲרִיצוּ
וְיַקְדִּישׁוּ וְיַמְלִיכוּ אֶת שִׁמְךָ מַלְכֵּנוּ
כִּי לְךָ טוֹב לְהוֹדוֹת וּלְשִׁמְךָ נָאֶה לְזַמֵּר
כִּי מֵעוֹלָם וְעַד עוֹלָם אַתָּה אֵל.

תהלים קלו

הוֹדוּ לַיהוה כִּי־טוֹב   כִּי לְעוֹלָם חַסְדּוֹ:

הוֹדוּ לֵאלֹהֵי הָאֱלֹהִים   כִּי לְעוֹלָם חַסְדּוֹ:

הוֹדוּ לַאֲדֹנֵי הָאֲדֹנִים   כִּי לְעוֹלָם חַסְדּוֹ:

לְעֹשֵׂה נִפְלָאוֹת גְּדֹלוֹת לְבַדּוֹ   כִּי לְעוֹלָם חַסְדּוֹ:

לְעֹשֵׂה הַשָּׁמַיִם בִּתְבוּנָה   כִּי לְעוֹלָם חַסְדּוֹ:

לְרֹקַע הָאָרֶץ עַל־הַמָּיִם   כִּי לְעוֹלָם חַסְדּוֹ:

לְעֹשֵׂה אוֹרִים גְּדֹלִים   כִּי לְעוֹלָם חַסְדּוֹ:

אֶת־הַשֶּׁמֶשׁ לְמֶמְשֶׁלֶת בַּיּוֹם   כִּי לְעוֹלָם חַסְדּוֹ:

אֶת־הַיָּרֵחַ וְכוֹכָבִים לְמֶמְשְׁלוֹת בַּלָּיְלָה   כִּי לְעוֹלָם חַסְדּוֹ:

לְמַכֵּה מִצְרַיִם בִּבְכוֹרֵיהֶם   כִּי לְעוֹלָם חַסְדּוֹ:

וַיּוֹצֵא יִשְׂרָאֵל מִתּוֹכָם   כִּי לְעוֹלָם חַסְדּוֹ:

בְּיָד חֲזָקָה וּבִזְרוֹעַ נְטוּיָה   כִּי לְעוֹלָם חַסְדּוֹ:

לְגֹזֵר יַם־סוּף לִגְזָרִים   כִּי לְעוֹלָם חַסְדּוֹ:

וְהֶעֱבִיר יִשְׂרָאֵל בְּתוֹכוֹ   כִּי לְעוֹלָם חַסְדּוֹ:

וְנִעֵר פַּרְעֹה וְחֵילוֹ בְיַם־סוּף   כִּי לְעוֹלָם חַסְדּוֹ:

לְמוֹלִיךְ עַמּוֹ בַּמִּדְבָּר כִּי לְעוֹלָם חַסְדּוֹ:
לְמַכֵּה מְלָכִים גְּדֹלִים כִּי לְעוֹלָם חַסְדּוֹ:
וַיַּהֲרֹג מְלָכִים אַדִּירִים כִּי לְעוֹלָם חַסְדּוֹ:
לְסִיחוֹן מֶלֶךְ הָאֱמֹרִי כִּי לְעוֹלָם חַסְדּוֹ:
וּלְעוֹג מֶלֶךְ הַבָּשָׁן כִּי לְעוֹלָם חַסְדּוֹ:
וְנָתַן אַרְצָם לְנַחֲלָה כִּי לְעוֹלָם חַסְדּוֹ:
נַחֲלָה לְיִשְׂרָאֵל עַבְדּוֹ כִּי לְעוֹלָם חַסְדּוֹ:
שֶׁבְּשִׁפְלֵנוּ זָכַר לָנוּ כִּי לְעוֹלָם חַסְדּוֹ:
וַיִּפְרְקֵנוּ מִצָּרֵינוּ כִּי לְעוֹלָם חַסְדּוֹ:
נֹתֵן לֶחֶם לְכָל־בָּשָׂר כִּי לְעוֹלָם חַסְדּוֹ:
הוֹדוּ לְאֵל הַשָּׁמָיִם כִּי לְעוֹלָם חַסְדּוֹ:

ליל הסדר, הודו, שנה לא ידועה

נִשְׁמַת

כָּל חַי תְּבָרֵךְ אֶת שִׁמְךָ, יהוה אֱלֹהֵינוּ
וְרוּחַ כָּל בָּשָׂר תְּפָאֵר וּתְרוֹמֵם זִכְרְךָ מַלְכֵּנוּ תָּמִיד
מִן הָעוֹלָם וְעַד הָעוֹלָם אַתָּה אֵל.
וּמִבַּלְעָדֶיךָ אֵין לָנוּ מֶלֶךְ
גּוֹאֵל וּמוֹשִׁיעַ, פּוֹדֶה וּמַצִּיל וּמְפַרְנֵס וְעוֹנֶה וּמְרַחֵם
בְּכָל עֵת צָרָה וְצוּקָה אֵין לָנוּ מֶלֶךְ עוֹזֵר וְסוֹמֵךְ אֶלָּא אָתָּה.
אֱלֹהֵי הָרִאשׁוֹנִים וְהָאַחֲרוֹנִים
אֱלוֹהַּ כָּל בְּרִיּוֹת
אֲדוֹן כָּל תּוֹלָדוֹת הַמְהֻלָּל בְּרֹב הַתִּשְׁבָּחוֹת
הַמְנַהֵג עוֹלָמוֹ בְּחֶסֶד וּבְרִיּוֹתָיו בְּרַחֲמִים.
וַיהוה עֵר, הִנֵּה לֹא יָנוּם וְלֹא יִישָׁן
הַמְעוֹרֵר יְשֵׁנִים וְהַמֵּקִיץ נִרְדָּמִים
וְהַמֵּשִׂיחַ אִלְּמִים וְהַמַּתִּיר אֲסוּרִים
וְהַסּוֹמֵךְ נוֹפְלִים וְהַזּוֹקֵף כְּפוּפִים וְהַמְפַעְנֵחַ נֶעְלָמִים
וּלְךָ לְבַדְּךָ אֲנַחְנוּ מוֹדִים

וְאִלּוּ פִֽינוּ מָלֵא שִׁירָה כַּיָּם
וּלְשׁוֹנֵנוּ רִנָּה כַּהֲמוֹן גַּלָּיו
וְשִׂפְתוֹתֵינוּ שֶֽׁבַח כְּמֶרְחֲבֵי רָקִֽיעַ
וְעֵינֵינוּ מְאִירוֹת כַּשֶּֽׁמֶשׁ וְכַיָּרֵֽחַ
וְיָדֵינוּ פְרוּשׂוֹת כְּנִשְׁרֵי שָׁמָיִם
וְרַגְלֵינוּ קַלּוֹת כָּאַיָּלוֹת

אֵין אֲנַחְנוּ מַסְפִּיקִים לְהוֹדוֹת לְךָ
יהוה אֱלֹהֵינוּ וֵאלֹהֵי אֲבוֹתֵינוּ
וּלְבָרֵךְ אֶת שְׁמֶךָ, מַלְכֵּנוּ
עַל אַחַת מֵאָלֶף אֶלֶף אַלְפֵי אֲלָפִים וְרִבֵּי רְבָבוֹת פְּעָמִים
הַטּוֹבוֹת, נִסִּים וְנִפְלָאוֹת שֶׁעָשִׂיתָ עִם אֲבוֹתֵינוּ וְעִמָּנוּ
מִלְּפָנִים מִמִּצְרַיִם גְּאַלְתָּנוּ, יהוה אֱלֹהֵינוּ
וּמִבֵּית עֲבָדִים פְּדִיתָנוּ
בְּרָעָב זַנְתָּנוּ וּבְשָׂבָע כִּלְכַּלְתָּנוּ
מֵחֶרֶב הִצַּלְתָּנוּ וּמִדֶּבֶר מִלַּטְתָּנוּ
וּמֵחֳלָיִים רָעִים וְרַבִּים וְנֶאֱמָנִים דִּלִּיתָנוּ.

עַד הֵנָּה עֲזָרוּנוּ רַחֲמֶיךָ וְלֹא עֲזָבוּנוּ חֲסָדֶיךָ, יהוה אֱלֹהֵינוּ
וְאַל תִּטְּשֵׁנוּ, יהוה אֱלֹהֵינוּ, לָנֶצַח.
עַל כֵּן אֵבָרִים שֶׁפִּלַּגְתָּ בָּנוּ
וְרוּחַ וּנְשָׁמָה שֶׁנָּפַחְתָּ בְאַפֵּנוּ
וְלָשׁוֹן אֲשֶׁר שַׂמְתָּ בְּפִינוּ
הֵן הֵם יוֹדוּ וִיבָרְכוּ וִישַׁבְּחוּ וִיפָאֲרוּ וִישׁוֹרְרוּ
וִירוֹמְמוּ וְיַעֲרִיצוּ וְיַקְדִּישׁוּ וְיַמְלִיכוּ אֶת שִׁמְךָ מַלְכֵּנוּ תָמִיד
כִּי כָל פֶּה לְךָ יוֹדֶה, וְכָל לָשׁוֹן לְךָ תִשָּׁבַע, וְכָל עַיִן לְךָ תְצַפֶּה
וְכָל בֶּרֶךְ לְךָ תִכְרַע, וְכָל קוֹמָה לְפָנֶיךָ תִשְׁתַּחֲוֶה
וְכָל הַלְּבָבוֹת יִירָאוּךָ, וְכָל קֶרֶב וּכְלָיוֹת יְזַמְּרוּ לִשְׁמֶךָ
כַּדָּבָר שֶׁכָּתוּב: כָּל עַצְמוֹתַי תֹּאמַרְנָה יהוה מִי כָמוֹךָ תהלים לה
מַצִּיל עָנִי מֵחָזָק מִמֶּנּוּ, וְעָנִי וְאֶבְיוֹן מִגֹּזְלוֹ:

שַׁוְעַת עֲנִיִּים אַתָּה תִשְׁמַע, צַעֲקַת הַדַּל תַּקְשִׁיב וְתוֹשִׁיעַ.

מִי יִדְמֶה לָּךְ וּמִי יִשְׁוֶה לָּךְ וּמִי יַעֲרָךְ לָךְ

הָאֵל הַגָּדוֹל, הַגִּבּוֹר וְהַנּוֹרָא, אֵל עֶלְיוֹן, קֹנֵה שָׁמַיִם וָאָרֶץ: דברים י / בראשית יד

נְהַלֶּלְךָ וּנְשַׁבֵּחֲךָ וּנְפָאֶרְךָ וּנְבָרֵךְ אֶת שֵׁם קָדְשֶׁךָ

כָּאָמוּר: לְדָוִד בָּרְכִי נַפְשִׁי אֶת־יהוה תהלים קג

וְכָל־קְרָבַי אֶת־שֵׁם קָדְשׁוֹ:

הָאֵל בְּתַעֲצוּמוֹת עֻזֶּךָ

הַגָּדוֹל בִּכְבוֹד שְׁמֶךָ

הַגִּבּוֹר לָנֶצַח וְהַנּוֹרָא בְּנוֹרְאוֹתֶיךָ

הַמֶּלֶךְ הַיּוֹשֵׁב עַל כִּסֵּא. רָם וְנִשָּׂא

שׁוֹכֵן עַד מָרוֹם וְקָדוֹשׁ שְׁמוֹ

וְכָתוּב: רַנְּנוּ צַדִּיקִים בַּיהוה, לַיְשָׁרִים נָאוָה תְהִלָּה: תהלים לג

סדר פסח בטבליסי, גיאורגיה 1924

בְּפִי יְשָׁרִים תִּתְרוֹמָם
וּבְשִׂפְתֵי צַדִּיקִים תִּתְבָּרַךְ
וּבִלְשׁוֹן חֲסִידִים תִּתְקַדָּשׁ
וּבְקֶרֶב קְדוֹשִׁים תִּתְהַלָּל

וּבְמַקְהֲלוֹת רִבְבוֹת עַמְּךָ בֵּית יִשְׂרָאֵל
בְּרִנָּה יִתְפָּאַר שִׁמְךָ מַלְכֵּנוּ בְּכָל דּוֹר וָדוֹר
שֶׁכֵּן חוֹבַת כָּל הַיְצוּרִים לְפָנֶיךָ יהוה אֱלֹהֵינוּ וֵאלֹהֵי אֲבוֹתֵינוּ
לְהוֹדוֹת, לְהַלֵּל, לְשַׁבֵּחַ, לְפָאֵר, לְרוֹמֵם
לְהַדֵּר וּלְנַצֵּחַ, לְבָרֵךְ לְעַלֵּה וּלְקַלֵּס
עַל כָּל דִּבְרֵי שִׁירוֹת וְתִשְׁבְּחוֹת
דָּוִד בֶּן יִשַׁי עַבְדְּךָ מְשִׁיחֶךָ.

וּבְכֵן יִשְׁתַּבַּח שִׁמְךָ לָעַד מַלְכֵּנוּ
הָאֵל, הַמֶּלֶךְ, הַגָּדוֹל וְהַקָּדוֹשׁ בַּשָּׁמַיִם וּבָאָרֶץ
כִּי לְךָ נָאֶה, יהוה אֱלֹהֵינוּ וֵאלֹהֵי אֲבוֹתֵינוּ
שִׁיר וּשְׁבָחָה, הַלֵּל וְזִמְרָה
עֹז וּמֶמְשָׁלָה, נֶצַח, גְּדֻלָּה וּגְבוּרָה
תְּהִלָּה וְתִפְאֶרֶת, קְדֻשָּׁה וּמַלְכוּת
בְּרָכוֹת וְהוֹדָאוֹת לְשִׁמְךָ הַגָּדוֹל וְהַקָּדוֹשׁ
וּמֵעוֹלָם וְעַד עוֹלָם אַתָּה אֵל.
בָּרוּךְ אַתָּה יהוה, אֵל מֶלֶךְ גָּדוֹל וּמְהֻלָּל בַּתִּשְׁבָּחוֹת
אֵל הַהוֹדָאוֹת, אֲדוֹן הַנִּפְלָאוֹת
בּוֹרֵא כָּל הַנְּשָׁמוֹת, רִבּוֹן כָּל הַמַּעֲשִׂים
הַבּוֹחֵר בְּשִׁירֵי זִמְרָה, מֶלֶךְ, יָחִיד, אֵל, חַי הָעוֹלָמִים.

בקהילות הספרדים אין מברכים על כוס זו.

הִנְנִי מוּכָן וּמְזֻמָּן לְקַיֵּם מִצְוַת כּוֹס רְבִיעִי שֶׁל אַרְבַּע כּוֹסוֹת.
לְשֵׁם יִחוּד קֻדְשָׁא בְּרִיךְ הוּא וּשְׁכִינְתֵּהּ עַל יְדֵי הַהוּא טָמִיר וְנֶעְלָם בְּשֵׁם כָּל יִשְׂרָאֵל.

בָּרוּךְ אַתָּה יהוה אֱלֹהֵינוּ מֶלֶךְ הָעוֹלָם בּוֹרֵא פְּרִי הַגָּפֶן.

שותים בהסבת שמאל.

בָּרוּךְ אַתָּה יהוה אֱלֹהֵינוּ מֶלֶךְ הָעוֹלָם
עַל הַגֶּפֶן וְעַל פְּרִי הַגֶּפֶן
וְעַל תְּנוּבַת הַשָּׂדֶה
וְעַל אֶרֶץ חֶמְדָּה טוֹבָה וּרְחָבָה
שֶׁרָצִיתָ וְהִנְחַלְתָּ לַאֲבוֹתֵינוּ לֶאֱכֹל מִפִּרְיָהּ וְלִשְׂבֹּעַ מִטּוּבָהּ.
רַחֶם נָא יהוה אֱלֹהֵינוּ עַל יִשְׂרָאֵל עַמֶּךָ
וְעַל יְרוּשָׁלַיִם עִירֶךָ
וְעַל צִיּוֹן מִשְׁכַּן כְּבוֹדֶךָ
וְעַל מִזְבְּחֶךָ וְעַל הֵיכָלֶךָ.
וּבְנֵה יְרוּשָׁלַיִם עִיר הַקֹּדֶשׁ בִּמְהֵרָה בְיָמֵינוּ
וְהַעֲלֵנוּ לְתוֹכָהּ וְשַׂמְּחֵנוּ בְּבִנְיָנָהּ
וְנֹאכַל מִפִּרְיָהּ וְנִשְׂבַּע מִטּוּבָהּ
וּנְבָרֶכְךָ עָלֶיהָ בִּקְדֻשָּׁה וּבְטָהֳרָה.
(בשבת: וּרְצֵה וְהַחֲלִיצֵנוּ בְּיוֹם הַשַּׁבָּת הַזֶּה)
וְשַׂמְּחֵנוּ בְּיוֹם חַג הַמַּצּוֹת הַזֶּה
כִּי אַתָּה יהוה טוֹב וּמֵטִיב לַכֹּל, וְנוֹדֶה לְּךָ
עַל הָאָרֶץ וְעַל פְּרִי גַפְנָהּ / אם היין מחו״ל: הַגָּפֶן/.
בָּרוּךְ אַתָּה יהוה
עַל הָאָרֶץ וְעַל פְּרִי גַפְנָהּ / אם היין מחו״ל: הַגָּפֶן/.

נרצה

חֲסַל סִדּוּר פֶּסַח כְּהִלְכָתוֹ, כְּכָל מִשְׁפָּטוֹ וְחֻקָּתוֹ
כַּאֲשֶׁר זָכִינוּ לְסַדֵּר אוֹתוֹ, כֵּן נִזְכֶּה לַעֲשׂוֹתוֹ
זָךְ שׁוֹכֵן מְעוֹנָה, קוֹמֵם קְהַל עֲדַת מִי מָנָה
קָרֵב נַהֵל נִטְעֵי כַנָּה, פְּדוּיִם לְצִיּוֹן בְּרִנָּה.

לַשָּׁנָה הַבָּאָה בִּירוּשָׁלָיִם הַבְּנוּיָה.

ליל סדר באחד המוצבים במהלך מלחמת השחרור

בקהילות אשכנז נהגו לומר בסוף הסדר נוסח "חסל סידור פסח". אולם בחסידות חב"ד אין אומרים נוסח זה כיוון שבחב"ד ליל הסדר אינו מסתיים אלא נמשך באופן תמידי.

בחוץ לארץ אומרים פיוט זה רק בלילה הראשון של פסח.

וּבְכֵן וַיְהִי בַּחֲצִי הַלַּיְלָה

אָז רֹב נִסִּים הִפְלֵאתָ **בַּלַּיְלָה**
בְּרֹאשׁ אַשְׁמוּרוֹת זֶה **הַלַּיְלָה**
בראשית יד — גֵּר צֶדֶק נִצַּחְתּוֹ, כְּנֶחֱלַק לוֹ **לַיְלָה**
וַיְהִי בַּחֲצִי הַלַּיְלָה

בראשית כ — דַּנְתָּ מֶלֶךְ גְּרָר בַּחֲלוֹם **הַלַּיְלָה**
בראשית לא — הִפְחַדְתָּ אֲרַמִּי בְּאֶמֶשׁ **לַיְלָה**
בראשית לב — וַיָּשַׂר יִשְׂרָאֵל לְמַלְאָךְ, וַיּוּכַל לוֹ **לַיְלָה**
וַיְהִי בַּחֲצִי הַלַּיְלָה

שמות יב — זֶרַע בְּכוֹרֵי פַתְרוֹס מָחַצְתָּ בַּחֲצִי **הַלַּיְלָה**
שם — חֵילָם לֹא מָצְאוּ בְּקוּמָם **בַּלַּיְלָה**
שופטים ה — טִיסַת נְגִיד חֲרֹשֶׁת סִלִּיתָ בְּכוֹכְבֵי **לַיְלָה**
וַיְהִי בַּחֲצִי הַלַּיְלָה

ישעיה י — יָעַץ מְחָרֵף לְנוֹפֵף אִוּוּי, הוֹבַשְׁתָּ פְגָרָיו **בַּלַּיְלָה**
ישעיה מו — כָּרַע בֵּל וּמַצָּבוֹ בְּאִישׁוֹן **לַיְלָה**
דניאל ה — לְאִישׁ חֲמוּדוֹת נִגְלָה רָז חֲזוֹת **לַיְלָה**
וַיְהִי בַּחֲצִי הַלַּיְלָה

שם — מִשְׁתַּכֵּר בִּכְלֵי קֹדֶשׁ נֶהֱרַג בּוֹ **בַּלַּיְלָה**
דניאל ו — נוֹשַׁע מִבּוֹר אֲרָיוֹת, פּוֹתֵר בִּעֲתוּתֵי **לַיְלָה**
אסתר ג — שִׂנְאָה נָטַר אֲגָגִי, וְכָתַב סְפָרִים **בַּלַּיְלָה**
וַיְהִי בַּחֲצִי הַלַּיְלָה

עוֹרַרְתָּ נִצְחֲךָ עָלָיו בְּנֶדֶד שְׁנַת לַיְלָה — אסתר ו, ילקוט שמעוני, אסתר תתרנ"ח
פּוּרָה תִדְרוֹךְ לְשׁוֹמֵר מַה מִלַּיְלָה — ישעיה סג
צָרַח כַּשּׁוֹמֵר, וְשָׂח אָתָא בֹקֶר וְגַם לַיְלָה — ישעיה כא
וַיְהִי בַּחֲצִי הַלַּיְלָה

קָרֵב יוֹם אֲשֶׁר הוּא לֹא יוֹם וְלֹא לַיְלָה — זכריה יד
רָם הוֹדַע כִּי לְךָ הַיּוֹם אַף לְךָ הַלַּיְלָה — תהלים עד
שׁוֹמְרִים הַפְקֵד לְעִירְךָ כָּל הַיּוֹם וְכָל הַלַּיְלָה — ישעיה סב
תָּאִיר כְּאוֹר יוֹם חֶשְׁכַת לַיְלָה — זכריה יד, תהלים עז
וַיְהִי בַּחֲצִי הַלַּיְלָה

ליל הסדר בהודו, שנה לא ידועה

בחוץ לארץ אומרים פיוט זה רק בלילה השני של פסח.

וּבְכֵן וַאֲמַרְתֶּם זֶבַח פֶּסַח

שמות ד-יד	אֹמֶץ גְּבוּרוֹתֶיךָ הִפְלֵאתָ	בַּפֶּסַח
ויקרא כג	בְּרֹאשׁ כָּל מוֹעֲדוֹת נִשֵּׂאתָ	פֶּסַח
ב״ר מג, ג	גִּלִּיתָ לְאֶזְרָחִי חֲצוֹת לֵיל	פֶּסַח

וַאֲמַרְתֶּם זֶבַח פֶּסַח

בראשית יח	דְּלָתָיו דָּפַקְתָּ כְּחֹם הַיּוֹם	בַּפֶּסַח
שם	הִסְעִיד נוֹצְצִים עֻגוֹת מַצּוֹת	בַּפֶּסַח
שם	וְאֶל הַבָּקָר, רָץ זֵכֶר לְשׁוֹר עֵרֶךְ	פֶּסַח

וַאֲמַרְתֶּם זֶבַח פֶּסַח

בראשית יט	זֹעֲמוּ סְדוֹמִים, וְלֹהֲטוּ בָּאֵשׁ	בַּפֶּסַח
שם	חֻלַּץ לוֹט מֵהֶם, וּמַצּוֹת אָפָה בְּקֵץ	פֶּסַח
שמות יב	טִאטֵאתָ אַדְמַת מֹף וְנֹף בְּעָבְרְךָ	בַּפֶּסַח

וַאֲמַרְתֶּם זֶבַח פֶּסַח

שמות כט	יָהּ, רֹאשׁ כָּל אוֹן מָחַצְתָּ בְּלֵיל שִׁמּוּר	פֶּסַח
שמות יג	כַּבִּיר, עַל בֵּן בְּכוֹר פָּסַחְתָּ בְּדַם	פֶּסַח
שמות כד	לְבִלְתִּי תֵּת מַשְׁחִית לָבֹא בִּפְתָחַי	בַּפֶּסַח

וַאֲמַרְתֶּם זֶבַח פֶּסַח

יהושע ו	מְסֻגֶּרֶת סֻגָּרָה בְּעִתּוֹתֵי	פֶּסַח
שופטים ז	נִשְׁמְדָה מִדְיָן בִּצְלִיל שְׂעוֹרֵי עֹמֶר	פֶּסַח
מלכים ב׳ יט	שֹׂרְפוּ מִשְׁמַנֵּי פּוּל וְלוּד, בִּיקַד יְקוֹד	פֶּסַח

וַאֲמַרְתֶּם זֶבַח פֶּסַח

עוֹד הַיּוֹם בְּנֹב לַעֲמֹד, עַד גָּעָה עוֹנַת פֶּסַח ישעיה י
פַּס יָד כָּתְבָה לְקַעֲקֵעַ צוּל בַּפֶּסַח דניאל ה
צָפֹה הַצָּפִית עָרוֹךְ הַשֻּׁלְחָן בַּפֶּסַח שם

וַאֲמַרְתֶּם זֶבַח פֶּסַח

קָהָל כִּנְּסָה הֲדַסָּה, צוֹם לְשַׁלֵּשׁ בַּפֶּסַח אסתר ד
רֹאשׁ מִבֵּית רָשָׁע מָחַצְתָּ בְּעֵץ חֲמִשִּׁים בַּפֶּסַח אסתר ז
שְׁתֵּי אֵלֶּה, רֶגַע תָּבִיא לְעוּצִית בַּפֶּסַח ישעיה מז
תָּעֹז יָדְךָ, תָּרוּם יְמִינֶךָ, כְּלֵיל הִתְקַדֵּשׁ חַג פֶּסַח שמות יב

וַאֲמַרְתֶּם זֶבַח פֶּסַח

ליל הסדר בצבא ארה"ב בצרפת, מלחמת העולם השנייה

כִּי לוֹ נָאֶה, כִּי לוֹ יָאֶה

אַדִּיר בִּמְלוּכָה בָּחוּר כַּהֲלָכָה גְּדוּדָיו יֹאמְרוּ לוֹ
לְךָ וּלְךָ, לְךָ כִּי לְךָ, לְךָ אַף לְךָ, לְךָ יהוה הַמַּמְלָכָה
כִּי לוֹ נָאֶה, כִּי לוֹ יָאֶה

דָּגוּל בִּמְלוּכָה הָדוּר כַּהֲלָכָה וָתִיקָיו יֹאמְרוּ לוֹ
לְךָ וּלְךָ, לְךָ כִּי לְךָ, לְךָ אַף לְךָ, לְךָ יהוה הַמַּמְלָכָה
כִּי לוֹ נָאֶה, כִּי לוֹ יָאֶה

זַכַּאי בִּמְלוּכָה חָסִין כַּהֲלָכָה טַפְסְרָיו יֹאמְרוּ לוֹ
לְךָ וּלְךָ, לְךָ כִּי לְךָ, לְךָ אַף לְךָ, לְךָ יהוה הַמַּמְלָכָה
כִּי לוֹ נָאֶה, כִּי לוֹ יָאֶה

יָחִיד בִּמְלוּכָה כַּבִּיר כַּהֲלָכָה לִמּוּדָיו יֹאמְרוּ לוֹ
לְךָ וּלְךָ, לְךָ כִּי לְךָ, לְךָ אַף לְךָ, לְךָ יהוה הַמַּמְלָכָה
כִּי לוֹ נָאֶה, כִּי לוֹ יָאֶה

מֶלֶךְ בִּמְלוּכָה נוֹרָא כַּהֲלָכָה סְבִיבָיו יֹאמְרוּ לוֹ
לְךָ וּלְךָ, לְךָ כִּי לְךָ, לְךָ אַף לְךָ, לְךָ יהוה הַמַּמְלָכָה
כִּי לוֹ נָאֶה, כִּי לוֹ יָאֶה

עָנָו בִּמְלוּכָה פּוֹדֶה כַּהֲלָכָה צַדִּיקָיו יֹאמְרוּ לוֹ
לְךָ וּלְךָ, לְךָ כִּי לְךָ, לְךָ אַף לְךָ, לְךָ יהוה הַמַּמְלָכָה
כִּי לוֹ נָאֶה, כִּי לוֹ יָאֶה

קָדוֹשׁ בִּמְלוּכָה רַחוּם כַּהֲלָכָה שִׁנְאַנָּיו יֹאמְרוּ לוֹ
לְךָ וּלְךָ, לְךָ כִּי לְךָ, לְךָ אַף לְךָ, לְךָ יהוה הַמַּמְלָכָה
כִּי לוֹ נָאֶה, כִּי לוֹ יָאֶה

תַּקִּיף בִּמְלוּכָה תּוֹמֵךְ כַּהֲלָכָה תְּמִימָיו יֹאמְרוּ לוֹ
לְךָ וּלְךָ, לְךָ כִּי לְךָ, לְךָ אַף לְךָ, לְךָ יהוה הַמַּמְלָכָה
כִּי לוֹ נָאֶה, כִּי לוֹ יָאֶה

בחוץ לארץ אומרים ספירת העומר בלילה השני של פסח.

בָּרוּךְ אַתָּה יהוה אֱלֹהֵינוּ מֶלֶךְ הָעוֹלָם
אֲשֶׁר קִדְּשָׁנוּ בְּמִצְוֹתָיו, וְצִוָּנוּ עַל סְפִירַת הָעֹמֶר.
הַיּוֹם יוֹם אֶחָד בָּעֹמֶר.

אַדִּיר הוּא
יִבְנֶה בֵּיתוֹ בְּקָרוֹב

בִּמְהֵרָה בִּמְהֵרָה, בְּיָמֵינוּ בְּקָרוֹב
אֵל בְּנֵה אֵל בְּנֵה
בְּנֵה בֵּיתְךָ בְּקָרוֹב

בָּחוּר הוּא גָּדוֹל הוּא דָּגוּל הוּא
הָדוּר הוּא וָתִיק הוּא זַכַּאי הוּא
חָסִיד הוּא טָהוֹר הוּא יָחִיד הוּא
כַּבִּיר הוּא לָמוּד הוּא מֶלֶךְ הוּא
נוֹרָא הוּא סַגִּיב הוּא עִזּוּז הוּא
פּוֹדֶה הוּא צַדִּיק הוּא קָדוֹשׁ הוּא
רַחוּם הוּא שַׁדַּי הוּא תַּקִּיף הוּא

יִבְנֶה בֵּיתוֹ בְּקָרוֹב
בִּמְהֵרָה בִּמְהֵרָה, בְּיָמֵינוּ בְּקָרוֹב
אֵל בְּנֵה אֵל בְּנֵה
בְּנֵה בֵּיתְךָ בְּקָרוֹב

ליל הסדר באדיס אבבה, אתיופיה 1999

אֶחָד מִי יוֹדֵעַ
אֶחָד אֲנִי יוֹדֵעַ
אֶחָד אֱלֹהֵינוּ שֶׁבַּשָּׁמַיִם וּבָאָרֶץ

שְׁנַיִם מִי יוֹדֵעַ
שְׁנַיִם אֲנִי יוֹדֵעַ
שְׁנֵי לוּחוֹת הַבְּרִית
אֶחָד אֱלֹהֵינוּ שֶׁבַּשָּׁמַיִם וּבָאָרֶץ

שְׁלוֹשָׁה מִי יוֹדֵעַ
שְׁלוֹשָׁה אֲנִי יוֹדֵעַ
שְׁלוֹשָׁה אָבוֹת
שְׁנֵי לוּחוֹת הַבְּרִית
אֶחָד אֱלֹהֵינוּ שֶׁבַּשָּׁמַיִם וּבָאָרֶץ

אַרְבַּע מִי יוֹדֵעַ
אַרְבַּע אֲנִי יוֹדֵעַ
אַרְבַּע אִמָּהוֹת
שְׁלוֹשָׁה אָבוֹת שְׁנֵי לוּחוֹת הַבְּרִית
אֶחָד אֱלֹהֵינוּ שֶׁבַּשָּׁמַיִם וּבָאָרֶץ

חֲמִשָּׁה מִי יוֹדֵעַ
חֲמִשָּׁה אֲנִי יוֹדֵעַ
חֲמִשָּׁה חֻמְשֵׁי תוֹרָה
אַרְבַּע אִמָּהוֹת שְׁלוֹשָׁה אָבוֹת שְׁנֵי לוּחוֹת הַבְּרִית
אֶחָד אֱלֹהֵינוּ שֶׁבַּשָּׁמַיִם וּבָאָרֶץ

שִׁשָּׁה מִי יוֹדֵעַ
שִׁשָּׁה אֲנִי יוֹדֵעַ
שִׁשָּׁה סִדְרֵי מִשְׁנָה
חֲמִשָּׁה חֻמְשֵׁי תוֹרָה אַרְבַּע אִמָּהוֹת שְׁלוֹשָׁה אָבוֹת
שְׁנֵי לוּחוֹת הַבְּרִית
אֶחָד אֱלֹהֵינוּ שֶׁבַּשָּׁמַיִם וּבָאָרֶץ

שִׁבְעָה מִי יוֹדֵעַ
שִׁבְעָה אֲנִי יוֹדֵעַ
שִׁבְעָה יְמֵי שַׁבַּתָּא
שִׁשָּׁה סִדְרֵי מִשְׁנָה חֲמִשָּׁה חֻמְשֵׁי תוֹרָה
אַרְבַּע אִמָּהוֹת שְׁלוֹשָׁה אָבוֹת שְׁנֵי לוּחוֹת הַבְּרִית
אֶחָד אֱלֹהֵינוּ שֶׁבַּשָּׁמַיִם וּבָאָרֶץ

שְׁמוֹנָה מִי יוֹדֵעַ
שְׁמוֹנָה אֲנִי יוֹדֵעַ
שְׁמוֹנָה יְמֵי מִילָה
שִׁבְעָה יְמֵי שַׁבַּתָּא שִׁשָּׁה סִדְרֵי מִשְׁנָה חֲמִשָּׁה חֻמְשֵׁי תוֹרָה
אַרְבַּע אִמָּהוֹת שְׁלוֹשָׁה אָבוֹת שְׁנֵי לוּחוֹת הַבְּרִית
אֶחָד אֱלֹהֵינוּ שֶׁבַּשָּׁמַיִם וּבָאָרֶץ

תִּשְׁעָה מִי יוֹדֵעַ
תִּשְׁעָה אֲנִי יוֹדֵעַ
תִּשְׁעָה יַרְחֵי לֵדָה
שְׁמוֹנָה יְמֵי מִילָה שִׁבְעָה יְמֵי שַׁבַּתָּא
שִׁשָּׁה סִדְרֵי מִשְׁנָה חֲמִשָּׁה חֻמְשֵׁי תוֹרָה
אַרְבַּע אִמָּהוֹת שְׁלוֹשָׁה אָבוֹת שְׁנֵי לוּחוֹת הַבְּרִית
אֶחָד אֱלֹהֵינוּ שֶׁבַּשָּׁמַיִם וּבָאָרֶץ

עֲשָׂרָה מִי יוֹדֵעַ
עֲשָׂרָה אֲנִי יוֹדֵעַ
עֲשָׂרָה דִבְּרַיָּא
תִּשְׁעָה יַרְחֵי לֵדָה שְׁמוֹנָה יְמֵי מִילָה
שִׁבְעָה יְמֵי שַׁבְּתָא שִׁשָּׁה סִדְרֵי מִשְׁנָה
חֲמִשָּׁה חֻמְשֵׁי תוֹרָה אַרְבַּע אִמָּהוֹת שְׁלוֹשָׁה אָבוֹת
שְׁנֵי לוּחוֹת הַבְּרִית
אֶחָד אֱלֹהֵינוּ שֶׁבַּשָּׁמַיִם וּבָאָרֶץ

אַחַד עָשָׂר מִי יוֹדֵעַ
אַחַד עָשָׂר אֲנִי יוֹדֵעַ
אַחַד עָשָׂר כּוֹכְבַיָּא
עֲשָׂרָה דִבְּרַיָּא תִּשְׁעָה יַרְחֵי לֵדָה
שְׁמוֹנָה יְמֵי מִילָה שִׁבְעָה יְמֵי שַׁבְּתָא
שִׁשָּׁה סִדְרֵי מִשְׁנָה חֲמִשָּׁה חֻמְשֵׁי תוֹרָה
אַרְבַּע אִמָּהוֹת שְׁלוֹשָׁה אָבוֹת שְׁנֵי לוּחוֹת הַבְּרִית
אֶחָד אֱלֹהֵינוּ שֶׁבַּשָּׁמַיִם וּבָאָרֶץ

שְׁנֵים עָשָׂר מִי יוֹדֵעַ
שְׁנֵים עָשָׂר אֲנִי יוֹדֵעַ
שְׁנֵים עָשָׂר שִׁבְטַיָּא
אַחַד עָשָׂר כּוֹכְבַיָּא עֲשָׂרָה דִבְּרַיָּא
תִּשְׁעָה יַרְחֵי לֵדָה שְׁמוֹנָה יְמֵי מִילָה
שִׁבְעָה יְמֵי שַׁבְּתָא שִׁשָּׁה סִדְרֵי מִשְׁנָה
חֲמִשָּׁה חֻמְשֵׁי תוֹרָה אַרְבַּע אִמָּהוֹת שְׁלוֹשָׁה אָבוֹת
שְׁנֵי לוּחוֹת הַבְּרִית
אֶחָד אֱלֹהֵינוּ שֶׁבַּשָּׁמַיִם וּבָאָרֶץ

שְׁלוֹשָׁה עָשָׂר מִי יוֹדֵעַ

שְׁלוֹשָׁה עָשָׂר אֲנִי יוֹדֵעַ

שְׁלוֹשָׁה עָשָׂר מִדַּיָּא

שְׁנֵים עָשָׂר שִׁבְטַיָּא אַחַד עָשָׂר כּוֹכְבַיָּא

עֲשָׂרָה דִבְּרַיָּא תִּשְׁעָה יַרְחֵי לֵדָה שְׁמוֹנָה יְמֵי מִילָה

שִׁבְעָה יְמֵי שַׁבַּתָּא שִׁשָּׁה סִדְרֵי מִשְׁנָה

חֲמִשָּׁה חֻמְשֵׁי תוֹרָה אַרְבַּע אִמָּהוֹת שְׁלוֹשָׁה אָבוֹת

שְׁנֵי לוּחוֹת הַבְּרִית

אֶחָד

אֱלֹהֵינוּ

שֶׁבַּשָּׁמַיִם וּבָאָרֶץ

חַד גַּדְיָא חַד גַּדְיָא

דִּזְבַן אַבָּא בִּתְרֵי זוּזֵי
חַד גַּדְיָא חַד גַּדְיָא

וַאֲתָא שׁוּנְרָא וְאָכְלָה לְגַדְיָא
דִּזְבַן אַבָּא בִּתְרֵי זוּזֵי
חַד גַּדְיָא חַד גַּדְיָא

וַאֲתָא כַלְבָּא וְנָשַׁךְ לְשׁוּנְרָא דְּאָכְלָה לְגַדְיָא
דִּזְבַן אַבָּא בִּתְרֵי זוּזֵי
חַד גַּדְיָא חַד גַּדְיָא

וַאֲתָא חֻטְרָא וְהִכָּה לְכַלְבָּא דְּנָשַׁךְ לְשׁוּנְרָא
דְּאָכְלָה לְגַדְיָא
דִּזְבַן אַבָּא בִּתְרֵי זוּזֵי
חַד גַּדְיָא חַד גַּדְיָא

וַאֲתָא נוּרָא וְשָׂרַף לְחֻטְרָא דְּהִכָּה לְכַלְבָּא
דְּנָשַׁךְ לְשׁוּנְרָא דְּאָכְלָה לְגַדְיָא
דִּזְבַן אַבָּא בִּתְרֵי זוּזֵי
חַד גַּדְיָא חַד גַּדְיָא

וַאֲתָא מַיָּא וְכָבָה לְנוּרָא דְּשָׂרַף לְחֻטְרָא דְּהִכָּה לְכַלְבָּא
דְּנָשַׁךְ לְשׁוּנְרָא דְּאָכְלָה לְגַדְיָא
דִּזְבַן אַבָּא בִּתְרֵי זוּזֵי
חַד גַּדְיָא חַד גַּדְיָא

ילדים נושאים כבשים לצורך חג הפסח ברובע היהודי בטריפולי, לוב 1940

וַאֲתָא תוֹרָא וְשָׁתָה לְמַיָּא דְּכָבָה לְנוּרָא דְּשָׂרַף לְחֻטְרָא
דְּהִכָּה לְכַלְבָּא דְּנָשַׁךְ לְשׁוּנְרָא דְּאָכְלָה לְגַדְיָא
דִּזְבַן אַבָּא בִּתְרֵי זוּזֵי
חַד גַּדְיָא חַד גַּדְיָא

וַאֲתָא הַשּׁוֹחֵט וְשָׁחַט לְתוֹרָא דְּשָׁתָא לְמַיָּא
דְּכָבָה לְנוּרָא דְּשָׂרַף לְחֻטְרָא
דְּהִכָּה לְכַלְבָּא דְּנָשַׁךְ לְשׁוּנְרָא
דְּאָכְלָה לְגַדְיָא
דִּזְבַן אַבָּא בִּתְרֵי זוּזֵי
חַד גַּדְיָא חַד גַּדְיָא

וַאֲתָא מַלְאַךְ הַמָּוֶת וְשָׁחַט לְשׁוֹחֵט דְּשָׁחַט לְתוֹרָא
דְּשָׁתָא לְמַיָּא דְּכָבָה לְנוּרָא דְּשָׂרַף לְחֻטְרָא
דְּהִכָּה לְכַלְבָּא דְּנָשַׁךְ לְשׁוּנְרָא
דְּאָכְלָה לְגַדְיָא
דִּזְבַן אַבָּא בִּתְרֵי זוּזֵי
חַד גַּדְיָא חַד גַּדְיָא

וַאֲתָא הַקָּדוֹשׁ בָּרוּךְ הוּא וְשָׁחַט לְמַלְאַךְ הַמָּוֶת
דְּשָׁחַט לְשׁוֹחֵט דְּשָׁחַט לְתוֹרָא דְּשָׁתָא לְמַיָּא
דְּכָבָה לְנוּרָא דְּשָׂרַף לְחֻטְרָא
דְּהִכָּה לְכַלְבָּא דְּנָשַׁךְ לְשׁוּנְרָא
דְּאָכְלָה לְגַדְיָא
דִּזְבַן אַבָּא בִּתְרֵי זוּזֵי
חַד גַּדְיָא חַד גַּדְיָא

שִׁיר הַשִּׁירִים

א שִׁיר הַשִּׁירִים אֲשֶׁר לִשְׁלֹמֹה: יִשָּׁקֵנִי מִנְּשִׁיקוֹת פִּיהוּ כִּי־טוֹבִים דֹּדֶיךָ מִיָּיִן: לְרֵיחַ שְׁמָנֶיךָ
טוֹבִים שֶׁמֶן תּוּרַק שְׁמֶךָ עַל־כֵּן עֲלָמוֹת אֲהֵבוּךָ: מָשְׁכֵנִי אַחֲרֶיךָ נָּרוּצָה הֱבִיאַנִי הַמֶּלֶךְ
חֲדָרָיו נָגִילָה וְנִשְׂמְחָה בָּךְ נַזְכִּירָה דֹדֶיךָ מִיַּיִן מֵישָׁרִים אֲהֵבוּךָ: שְׁחוֹרָה אֲנִי
וְנָאוָה בְּנוֹת יְרוּשָׁלִָם כְּאָהֳלֵי קֵדָר כִּירִיעוֹת שְׁלֹמֹה: אַל־תִּרְאוּנִי שֶׁאֲנִי שְׁחַרְחֹרֶת שֶׁשֱּׁזָפַתְנִי
הַשָּׁמֶשׁ בְּנֵי אִמִּי נִחֲרוּ־בִי שָׂמֻנִי נֹטֵרָה אֶת־הַכְּרָמִים כַּרְמִי שֶׁלִּי לֹא נָטָרְתִּי: הַגִּידָה לִּי
שֶׁאָהֲבָה נַפְשִׁי אֵיכָה תִרְעֶה אֵיכָה תַּרְבִּיץ בַּצָּהֳרָיִם שַׁלָּמָה אֶהְיֶה כְּעֹטְיָה עַל עֶדְרֵי חֲבֵרֶיךָ:
אִם־לֹא תֵדְעִי לָךְ הַיָּפָה בַּנָּשִׁים צְאִי־לָךְ בְּעִקְבֵי הַצֹּאן וּרְעִי אֶת־גְּדִיֹּתַיִךְ עַל מִשְׁכְּנוֹת
הָרֹעִים: לְסֻסָתִי בְּרִכְבֵי פַרְעֹה דִּמִּיתִיךְ רַעְיָתִי: נָאווּ לְחָיַיִךְ בַּתֹּרִים צַוָּארֵךְ
בַּחֲרוּזִים: תּוֹרֵי זָהָב נַעֲשֶׂה־לָּךְ עִם נְקֻדּוֹת הַכָּסֶף: עַד־שֶׁהַמֶּלֶךְ בִּמְסִבּוֹ נִרְדִּי נָתַן רֵיחוֹ:
צְרוֹר הַמֹּר ׀ דּוֹדִי לִי בֵּין שָׁדַי יָלִין: אֶשְׁכֹּל הַכֹּפֶר ׀ דּוֹדִי לִי בְּכַרְמֵי עֵין גֶּדִי: הִנָּךְ
יָפָה רַעְיָתִי הִנָּךְ יָפָה עֵינַיִךְ יוֹנִים: הִנְּךָ יָפֶה דוֹדִי אַף נָעִים אַף־עַרְשֵׂנוּ רַעֲנָנָה: קֹרוֹת בָּתֵּינוּ
ב אֲרָזִים רחיטנו בְּרוֹתִים: אֲנִי חֲבַצֶּלֶת הַשָּׁרוֹן שׁוֹשַׁנַּת הָעֲמָקִים: כְּשׁוֹשַׁנָּה בֵּין הַחוֹחִים כֵּן רָהִיטֵנוּ
רַעְיָתִי בֵּין הַבָּנוֹת: כְּתַפּוּחַ בַּעֲצֵי הַיַּעַר כֵּן דּוֹדִי בֵּין הַבָּנִים בְּצִלּוֹ חִמַּדְתִּי וְיָשַׁבְתִּי וּפִרְיוֹ
מָתוֹק לְחִכִּי: הֱבִיאַנִי אֶל־בֵּית הַיָּיִן וְדִגְלוֹ עָלַי אַהֲבָה: סַמְּכוּנִי בָּאֲשִׁישׁוֹת רַפְּדוּנִי בַּתַּפּוּחִים
כִּי־חוֹלַת אַהֲבָה אָנִי: שְׂמֹאלוֹ תַּחַת לְרֹאשִׁי וִימִינוֹ תְּחַבְּקֵנִי: הִשְׁבַּעְתִּי אֶתְכֶם בְּנוֹת
יְרוּשָׁלִַם בִּצְבָאוֹת אוֹ בְּאַיְלוֹת הַשָּׂדֶה אִם־תָּעִירוּ ׀ וְאִם־תְּעוֹרְרוּ אֶת־הָאַהֲבָה עַד
שֶׁתֶּחְפָּץ: קוֹל דּוֹדִי הִנֵּה־זֶה בָּא מְדַלֵּג עַל־הֶהָרִים מְקַפֵּץ עַל־הַגְּבָעוֹת: דּוֹמֶה
דוֹדִי לִצְבִי אוֹ לְעֹפֶר הָאַיָּלִים הִנֵּה־זֶה עוֹמֵד אַחַר כָּתְלֵנוּ מַשְׁגִּיחַ מִן־הַחַלֹּנוֹת מֵצִיץ מִן־
הַחֲרַכִּים: עָנָה דוֹדִי וְאָמַר לִי קוּמִי לָךְ רַעְיָתִי יָפָתִי וּלְכִי־לָךְ: כִּי־הִנֵּה הַסְּתָו עָבָר הַגֶּשֶׁם
חָלַף הָלַךְ לוֹ: הַנִּצָּנִים נִרְאוּ בָאָרֶץ עֵת הַזָּמִיר הִגִּיעַ וְקוֹל הַתּוֹר נִשְׁמַע בְּאַרְצֵנוּ: הַתְּאֵנָה
חָנְטָה פַגֶּיהָ וְהַגְּפָנִים ׀ סְמָדַר נָתְנוּ רֵיחַ קוּמִי לכי רַעְיָתִי יָפָתִי וּלְכִי־לָךְ: יוֹנָתִי לָךְ
בְּחַגְוֵי הַסֶּלַע בְּסֵתֶר הַמַּדְרֵגָה הַרְאִינִי אֶת־מַרְאַיִךְ הַשְׁמִיעִינִי אֶת־קוֹלֵךְ כִּי־קוֹלֵךְ עָרֵב
וּמַרְאֵיךְ נָאוֶה: אֶחֱזוּ־לָנוּ שׁוּעָלִים שֻׁעָלִים קְטַנִּים מְחַבְּלִים כְּרָמִים וּכְרָמֵינוּ
סְמָדַר: דּוֹדִי לִי וַאֲנִי לוֹ הָרֹעֶה בַּשּׁוֹשַׁנִּים: עַד שֶׁיָּפוּחַ הַיּוֹם וְנָסוּ הַצְּלָלִים סֹב דְּמֵה־לְךָ
ג דוֹדִי לִצְבִי אוֹ לְעֹפֶר הָאַיָּלִים עַל־הָרֵי בָתֶר: עַל־מִשְׁכָּבִי בַּלֵּילוֹת בִּקַּשְׁתִּי אֵת
שֶׁאָהֲבָה נַפְשִׁי בִּקַּשְׁתִּיו וְלֹא מְצָאתִיו: אָקוּמָה נָּא וַאֲסוֹבְבָה בָעִיר בַּשְּׁוָקִים וּבָרְחֹבוֹת
אֲבַקְשָׁה אֵת שֶׁאָהֲבָה נַפְשִׁי בִּקַּשְׁתִּיו וְלֹא מְצָאתִיו: מְצָאוּנִי הַשֹּׁמְרִים הַסֹּבְבִים בָּעִיר
אֵת שֶׁאָהֲבָה נַפְשִׁי רְאִיתֶם: כִּמְעַט שֶׁעָבַרְתִּי מֵהֶם עַד שֶׁמָּצָאתִי אֵת שֶׁאָהֲבָה נַפְשִׁי
אֲחַזְתִּיו וְלֹא אַרְפֶּנּוּ עַד־שֶׁהֲבֵיאתִיו אֶל־בֵּית אִמִּי וְאֶל־חֶדֶר הוֹרָתִי: הִשְׁבַּעְתִּי אֶתְכֶם בְּנוֹת
יְרוּשָׁלִַם בִּצְבָאוֹת אוֹ בְּאַיְלוֹת הַשָּׂדֶה אִם־תָּעִירוּ ׀ וְאִם־תְּעוֹרְרוּ אֶת־הָאַהֲבָה עַד

שֶׁתֶּחְפָּץ׃ מִי זֹאת עֹלָה מִן־הַמִּדְבָּר כְּתִימְרוֹת עָשָׁן מְקֻטֶּרֶת מוֹר וּלְבוֹנָה מִכֹּל
אַבְקַת רוֹכֵל׃ הִנֵּה מִטָּתוֹ שֶׁלִּשְׁלֹמֹה שִׁשִּׁים גִּבֹּרִים סָבִיב לָהּ מִגִּבֹּרֵי יִשְׂרָאֵל׃ כֻּלָּם אֲחֻזֵי
חֶרֶב מְלֻמְּדֵי מִלְחָמָה אִישׁ חַרְבּוֹ עַל־יְרֵכוֹ מִפַּחַד בַּלֵּילוֹת׃ אַפִּרְיוֹן עָשָׂה לוֹ
הַמֶּלֶךְ שְׁלֹמֹה מֵעֲצֵי הַלְּבָנוֹן׃ עַמּוּדָיו עָשָׂה כֶסֶף רְפִידָתוֹ זָהָב מֶרְכָּבוֹ אַרְגָּמָן תּוֹכוֹ רָצוּף
אַהֲבָה מִבְּנוֹת יְרוּשָׁלָ͏ִם׃ צְאֶינָה ׀ וּרְאֶינָה בְּנוֹת צִיּוֹן בַּמֶּלֶךְ שְׁלֹמֹה בָּעֲטָרָה שֶׁעִטְּרָה־לּוֹ
אִמּוֹ בְּיוֹם חֲתֻנָּתוֹ וּבְיוֹם שִׂמְחַת לִבּוֹ׃ הִנָּךְ יָפָה רַעְיָתִי הִנָּךְ יָפָה עֵינַיִךְ יוֹנִים ד
מִבַּעַד לְצַמָּתֵךְ שַׂעְרֵךְ כְּעֵדֶר הָעִזִּים שֶׁגָּלְשׁוּ מֵהַר גִּלְעָד׃ שִׁנַּיִךְ כְּעֵדֶר הַקְּצוּבוֹת שֶׁעָלוּ
מִן־הָרַחְצָה שֶׁכֻּלָּם מַתְאִימוֹת וְשַׁכֻּלָה אֵין בָּהֶם׃ כְּחוּט הַשָּׁנִי שִׂפְתֹתַיִךְ וּמִדְבָּרֵיךְ נָאוֶה
כְּפֶלַח הָרִמּוֹן רַקָּתֵךְ מִבַּעַד לְצַמָּתֵךְ׃ כְּמִגְדַּל דָּוִיד צַוָּארֵךְ בָּנוּי לְתַלְפִּיּוֹת אֶלֶף הַמָּגֵן תָּלוּי
עָלָיו כֹּל שִׁלְטֵי הַגִּבֹּרִים׃ שְׁנֵי שָׁדַיִךְ כִּשְׁנֵי עֳפָרִים תְּאוֹמֵי צְבִיָּה הָרוֹעִים בַּשּׁוֹשַׁנִּים׃ עַד
שֶׁיָּפוּחַ הַיּוֹם וְנָסוּ הַצְּלָלִים אֵלֶךְ לִי אֶל־הַר הַמּוֹר וְאֶל־גִּבְעַת הַלְּבוֹנָה׃ כֻּלָּךְ יָפָה רַעְיָתִי
וּמוּם אֵין בָּךְ׃ אִתִּי מִלְּבָנוֹן כַּלָּה אִתִּי מִלְּבָנוֹן תָּבוֹאִי תָּשׁוּרִי ׀ מֵרֹאשׁ אֲמָנָה
בְּאַחַת מֵרֹאשׁ שְׂנִיר וְחֶרְמוֹן מִמְּעֹנוֹת אֲרָיוֹת מֵהַרְרֵי נְמֵרִים׃ לִבַּבְתִּנִי אֲחֹתִי כַלָּה לִבַּבְתִּנִי באחד
מֵעֵינַיִךְ בְּאַחַד עֲנָק מִצַּוְּרֹנָיִךְ׃ מַה־יָּפוּ דֹדַיִךְ אֲחֹתִי כַלָּה מַה־טֹּבוּ דֹדַיִךְ מִיַּיִן וְרֵיחַ שְׁמָנַיִךְ
מִכָּל־בְּשָׂמִים׃ נֹפֶת תִּטֹּפְנָה שִׂפְתוֹתַיִךְ כַּלָּה דְּבַשׁ וְחָלָב תַּחַת לְשׁוֹנֵךְ וְרֵיחַ שַׂלְמֹתַיִךְ כְּרֵיחַ
לְבָנוֹן׃ גַּן ׀ נָעוּל אֲחֹתִי כַלָּה גַּל נָעוּל מַעְיָן חָתוּם׃ שְׁלָחַיִךְ פַּרְדֵּס רִמּוֹנִים עִם
פְּרִי מְגָדִים כְּפָרִים עִם־נְרָדִים׃ נֵרְדְּ ׀ וְכַרְכֹּם קָנֶה וְקִנָּמוֹן עִם כָּל־עֲצֵי לְבוֹנָה מֹר וַאֲהָלוֹת
עִם כָּל־רָאשֵׁי בְשָׂמִים׃ מַעְיַן גַּנִּים בְּאֵר מַיִם חַיִּים וְנֹזְלִים מִן־לְבָנוֹן׃
עוּרִי צָפוֹן וּבוֹאִי תֵימָן הָפִיחִי גַנִּי יִזְּלוּ בְשָׂמָיו יָבֹא דוֹדִי לְגַנּוֹ וְיֹאכַל פְּרִי מְגָדָיו׃ בָּאתִי לְגַנִּי ה
אֲחֹתִי כַלָּה אָרִיתִי מוֹרִי עִם־בְּשָׂמִי אָכַלְתִּי יַעְרִי עִם־דִּבְשִׁי שָׁתִיתִי יֵינִי עִם־חֲלָבִי אִכְלוּ
רֵעִים שְׁתוּ וְשִׁכְרוּ דּוֹדִים׃ אֲנִי יְשֵׁנָה וְלִבִּי עֵר קוֹל ׀ דּוֹדִי דוֹפֵק פִּתְחִי־לִי אֲחֹתִי
רַעְיָתִי יוֹנָתִי תַמָּתִי שֶׁרֹּאשִׁי נִמְלָא־טָל קְוֻצּוֹתַי רְסִיסֵי לָיְלָה׃ פָּשַׁטְתִּי אֶת־כֻּתָּנְתִּי אֵיכָכָה
אֶלְבָּשֶׁנָּה רָחַצְתִּי אֶת־רַגְלַי אֵיכָכָה אֲטַנְּפֵם׃ דּוֹדִי שָׁלַח יָדוֹ מִן־הַחֹר וּמֵעַי הָמוּ עָלָיו׃
קַמְתִּי אֲנִי לִפְתֹּחַ לְדוֹדִי וְיָדַי נָטְפוּ־מוֹר וְאֶצְבְּעֹתַי מוֹר עֹבֵר עַל כַּפּוֹת הַמַּנְעוּל׃ פָּתַחְתִּי
אֲנִי לְדוֹדִי וְדוֹדִי חָמַק עָבָר נַפְשִׁי יָצְאָה בְדַבְּרוֹ בִּקַּשְׁתִּיהוּ וְלֹא מְצָאתִיהוּ קְרָאתִיו וְלֹא
עָנָנִי׃ מְצָאֻנִי הַשֹּׁמְרִים הַסֹּבְבִים בָּעִיר הִכּוּנִי פְצָעוּנִי נָשְׂאוּ אֶת־רְדִידִי מֵעָלַי שֹׁמְרֵי הַחֹמוֹת׃
הִשְׁבַּעְתִּי אֶתְכֶם בְּנוֹת יְרוּשָׁלָ͏ִם אִם־תִּמְצְאוּ אֶת־דּוֹדִי מַה־תַּגִּידוּ לוֹ שֶׁחוֹלַת אַהֲבָה אָנִי׃
מַה־דּוֹדֵךְ מִדּוֹד הַיָּפָה בַּנָּשִׁים מַה־דּוֹדֵךְ מִדּוֹד שֶׁכָּכָה הִשְׁבַּעְתָּנוּ׃ דּוֹדִי צַח וְאָדוֹם דָּגוּל
מֵרְבָבָה׃ רֹאשׁוֹ כֶּתֶם פָּז קְוֻצּוֹתָיו תַּלְתַּלִּים שְׁחֹרוֹת כָּעוֹרֵב׃ עֵינָיו כְּיוֹנִים עַל־אֲפִיקֵי מָיִם
רֹחֲצוֹת בֶּחָלָב יֹשְׁבוֹת עַל־מִלֵּאת׃ לְחָיָו כַּעֲרוּגַת הַבֹּשֶׂם מִגְדְּלוֹת מֶרְקָחִים שִׂפְתוֹתָיו
שׁוֹשַׁנִּים נֹטְפוֹת מוֹר עֹבֵר׃ יָדָיו גְּלִילֵי זָהָב מְמֻלָּאִים בַּתַּרְשִׁישׁ מֵעָיו עֶשֶׁת שֵׁן מְעֻלֶּפֶת
סַפִּירִים׃ שׁוֹקָיו עַמּוּדֵי שֵׁשׁ מְיֻסָּדִים עַל־אַדְנֵי־פָז מַרְאֵהוּ כַּלְּבָנוֹן בָּחוּר כָּאֲרָזִים׃ חִכּוֹ
מַמְתַקִּים וְכֻלּוֹ מַחֲמַדִּים זֶה דוֹדִי וְזֶה רֵעִי בְּנוֹת יְרוּשָׁלָ͏ִם׃ אָנָה הָלַךְ דּוֹדֵךְ הַיָּפָה בַּנָּשִׁים ו

אָנָה פָּנָה דּוֹדֵךְ וּנְבַקְשֶׁנּוּ עִמָּךְ: דּוֹדִי יָרַד לְגַנּוֹ לַעֲרֻגוֹת הַבֹּשֶׂם לִרְעוֹת בַּגַּנִּים וְלִלְקֹט
שׁוֹשַׁנִּים: אֲנִי לְדוֹדִי וְדוֹדִי לִי הָרֹעֶה בַּשּׁוֹשַׁנִּים:
יָפָה אַתְּ רַעְיָתִי כְּתִרְצָה נָאוָה כִּירוּשָׁלָ͏ִם אֲיֻמָּה כַּנִּדְגָּלוֹת: הָסֵבִּי עֵינַיִךְ מִנֶּגְדִּי שֶׁהֵם הִרְהִיבֻנִי
שַׂעְרֵךְ כְּעֵדֶר הָעִזִּים שֶׁגָּלְשׁוּ מִן־הַגִּלְעָד: שִׁנַּיִךְ כְּעֵדֶר הָרְחֵלִים שֶׁעָלוּ מִן־הָרַחְצָה שֶׁכֻּלָּם
מַתְאִימוֹת וְשַׁכֻּלָה אֵין בָּהֶם: כְּפֶלַח הָרִמּוֹן רַקָּתֵךְ מִבַּעַד לְצַמָּתֵךְ: שִׁשִּׁים הֵמָּה מְלָכוֹת
וּשְׁמֹנִים פִּילַגְשִׁים וַעֲלָמוֹת אֵין מִסְפָּר: אַחַת הִיא יוֹנָתִי תַמָּתִי אַחַת הִיא לְאִמָּהּ בָּרָה הִיא
לְיוֹלַדְתָּהּ רָאוּהָ בָנוֹת וַיְאַשְּׁרוּהָ מְלָכוֹת וּפִילַגְשִׁים וַיְהַלְלוּהָ: מִי־זֹאת הַנִּשְׁקָפָה
כְּמוֹ־שָׁחַר יָפָה כַלְּבָנָה בָּרָה כַּחַמָּה אֲיֻמָּה כַּנִּדְגָּלוֹת: אֶל־גִּנַּת אֱגוֹז יָרַדְתִּי לִרְאוֹת בְּאִבֵּי
הַנָּחַל לִרְאוֹת הֲפָרְחָה הַגֶּפֶן הֵנֵצוּ הָרִמֹּנִים: לֹא יָדַעְתִּי נַפְשִׁי שָׂמַתְנִי מַרְכְּבוֹת עַמִּי נָדִיב:
ז שׁוּבִי שׁוּבִי הַשּׁוּלַמִּית שׁוּבִי שׁוּבִי וְנֶחֱזֶה־בָּךְ מַה־תֶּחֱזוּ בַּשּׁוּלַמִּית כִּמְחֹלַת הַמַּחֲנָיִם: מַה־
יָּפוּ פְעָמַיִךְ בַּנְּעָלִים בַּת־נָדִיב חַמּוּקֵי יְרֵכַיִךְ כְּמוֹ חֲלָאִים מַעֲשֵׂה יְדֵי אָמָּן: שָׁרְרֵךְ אַגַּן הַסַּהַר
אַל־יֶחְסַר הַמָּזֶג בִּטְנֵךְ עֲרֵמַת חִטִּים סוּגָה בַּשּׁוֹשַׁנִּים: שְׁנֵי שָׁדַיִךְ כִּשְׁנֵי עֳפָרִים תָּאֳמֵי צְבִיָּה:
צַוָּארֵךְ כְּמִגְדַּל הַשֵּׁן עֵינַיִךְ בְּרֵכוֹת בְּחֶשְׁבּוֹן עַל־שַׁעַר בַּת־רַבִּים אַפֵּךְ כְּמִגְדַּל הַלְּבָנוֹן צוֹפֶה
פְּנֵי דַמָּשֶׂק: רֹאשֵׁךְ עָלַיִךְ כַּכַּרְמֶל וְדַלַּת רֹאשֵׁךְ כָּאַרְגָּמָן מֶלֶךְ אָסוּר בָּרְהָטִים: מַה־יָּפִית
וּמַה־נָּעַמְתְּ אַהֲבָה בַּתַּעֲנוּגִים: זֹאת קוֹמָתֵךְ דָּמְתָה לְתָמָר וְשָׁדַיִךְ לְאַשְׁכֹּלוֹת: אָמַרְתִּי
אֶעֱלֶה בְתָמָר אֹחֲזָה בְּסַנְסִנָּיו וְיִהְיוּ־נָא שָׁדַיִךְ כְּאֶשְׁכְּלוֹת הַגֶּפֶן וְרֵיחַ אַפֵּךְ כַּתַּפּוּחִים: וְחִכֵּךְ
כְּיֵין הַטּוֹב הוֹלֵךְ לְדוֹדִי לְמֵישָׁרִים דּוֹבֵב שִׂפְתֵי יְשֵׁנִים: אֲנִי לְדוֹדִי וְעָלַי תְּשׁוּקָתוֹ: לְכָה
דוֹדִי נֵצֵא הַשָּׂדֶה נָלִינָה בַּכְּפָרִים: נַשְׁכִּימָה לַכְּרָמִים נִרְאֶה אִם־פָּרְחָה הַגֶּפֶן פִּתַּח הַסְּמָדַר
הֵנֵצוּ הָרִמּוֹנִים שָׁם אֶתֵּן אֶת־דֹּדַי לָךְ: הַדּוּדָאִים נָתְנוּ־רֵיחַ וְעַל־פְּתָחֵינוּ כָּל־מְגָדִים חֲדָשִׁים
ח גַּם־יְשָׁנִים דּוֹדִי צָפַנְתִּי לָךְ: מִי יִתֶּנְךָ כְּאָח לִי יוֹנֵק שְׁדֵי אִמִּי אֶמְצָאֲךָ בַחוּץ אֶשָּׁקְךָ גַּם לֹא־
יָבוּזוּ לִי: אֶנְהָגְךָ אֲבִיאֲךָ אֶל־בֵּית אִמִּי תְּלַמְּדֵנִי אַשְׁקְךָ מִיַּיִן הָרֶקַח מֵעֲסִיס רִמֹּנִי: שְׂמֹאלוֹ
תַּחַת רֹאשִׁי וִימִינוֹ תְּחַבְּקֵנִי: הִשְׁבַּעְתִּי אֶתְכֶם בְּנוֹת יְרוּשָׁלָ͏ִם מַה־תָּעִירוּ ׀ וּמַה־תְּעֹרְרוּ
אֶת־הָאַהֲבָה עַד שֶׁתֶּחְפָּץ: מִי זֹאת עֹלָה מִן־הַמִּדְבָּר מִתְרַפֶּקֶת עַל־דּוֹדָהּ תַּחַת
הַתַּפּוּחַ עוֹרַרְתִּיךָ שָׁמָּה חִבְּלַתְךָ אִמֶּךָ שָׁמָּה חִבְּלָה יְלָדַתְךָ: שִׂימֵנִי כַחוֹתָם עַל־לִבֶּךָ כַּחוֹתָם
עַל־זְרוֹעֶךָ כִּי־עַזָּה כַמָּוֶת אַהֲבָה קָשָׁה כִשְׁאוֹל קִנְאָה רְשָׁפֶיהָ רִשְׁפֵּי אֵשׁ שַׁלְהֶבֶתְיָה: מַיִם
רַבִּים לֹא יוּכְלוּ לְכַבּוֹת אֶת־הָאַהֲבָה וּנְהָרוֹת לֹא יִשְׁטְפוּהָ אִם־יִתֵּן אִישׁ אֶת־כָּל־הוֹן בֵּיתוֹ
בָּאַהֲבָה בּוֹז יָבוּזוּ לוֹ: אָחוֹת לָנוּ קְטַנָּה וְשָׁדַיִם אֵין לָהּ מַה־נַּעֲשֶׂה לַאֲחֹתֵנוּ
בַּיּוֹם שֶׁיְּדֻבַּר־בָּהּ: אִם־חוֹמָה הִיא נִבְנֶה עָלֶיהָ טִירַת כָּסֶף וְאִם־דֶּלֶת הִיא נָצוּר עָלֶיהָ לוּחַ
אָרֶז: אֲנִי חוֹמָה וְשָׁדַי כַּמִּגְדָּלוֹת אָז הָיִיתִי בְעֵינָיו כְּמוֹצְאֵת שָׁלוֹם: כֶּרֶם הָיָה לִשְׁלֹמֹה בְּבַעַל
הָמוֹן נָתַן אֶת־הַכֶּרֶם לַנֹּטְרִים אִישׁ יָבִא בְּפִרְיוֹ אֶלֶף כָּסֶף: כַּרְמִי שֶׁלִּי לְפָנָי הָאֶלֶף לְךָ שְׁלֹמֹה
וּמָאתַיִם לְנֹטְרִים אֶת־פִּרְיוֹ: הַיּוֹשֶׁבֶת בַּגַּנִּים חֲבֵרִים מַקְשִׁיבִים לְקוֹלֵךְ הַשְׁמִיעִנִי: בְּרַח ׀
דּוֹדִי וּדְמֵה־לְךָ לִצְבִי אוֹ לְעֹפֶר הָאַיָּלִים עַל הָרֵי בְשָׂמִים:

הַיּוֹשֶׁבֶת בַּגַּנִּים חֲבֵרִים מַקְשִׁיבִים לְקוֹלֵךְ הַשְׁמִיעִנִי:

מקורות לתצלומים

השתדלנו ככל יכולתנו לאתר את בעלי הזכויות על המקורות לתצלומים. תודתנו לכל מי שאפשר לנו להשתמש בתצלומיו:

אוסף התצלומים הלאומי 18, 79

ארכיון התמונות ע"ש שושנה ואשר הלוי, יד יצחק בן־צבי
אוסף אריה אילן 65
אוסף אבינועם צברי, ראש העין נגלית לעין 75
אוסף ורדה יהל לבית רבינוביץ', בית העיר תל אביב יפו 77

ארכיון יד ושם 35, 51, 88

הארכיון הציוני המרכזי 49, 59, 105

המרכז לתיעוד חזותי ע"ש אוסטר, מוזיאון העם היהודי בבית התפוצות
The Oster Visual Documentation Center,
The Museum of the Jewish People at Beit Hatfutsot 24, 69
אוסף צבי קדושין 43
באדיבות אודט ודגלאס שישפורטיס, ישראל 67
באדיבות יוסף טולדנו, ישראל 28
באדיבות פדהצור בנעטיה, ישראל 119
באדיבות פאניה תרונישווילי, ישראל 87
באדיבות לובה דניאלוב, חולון 101

הרב מנחם ולדמן 10, 113

מוזיאון ישראל, ירושלים 22, 93, 98, 107

שמעון מסינג, ארה"ב 61

Center for Jewish History, NYC 37

Jewish Historical Society of Southern Alberta 30

Jewish Historical Society of the Upper Midwest 17

www.shutterstock.com By V.Kuntsman 12

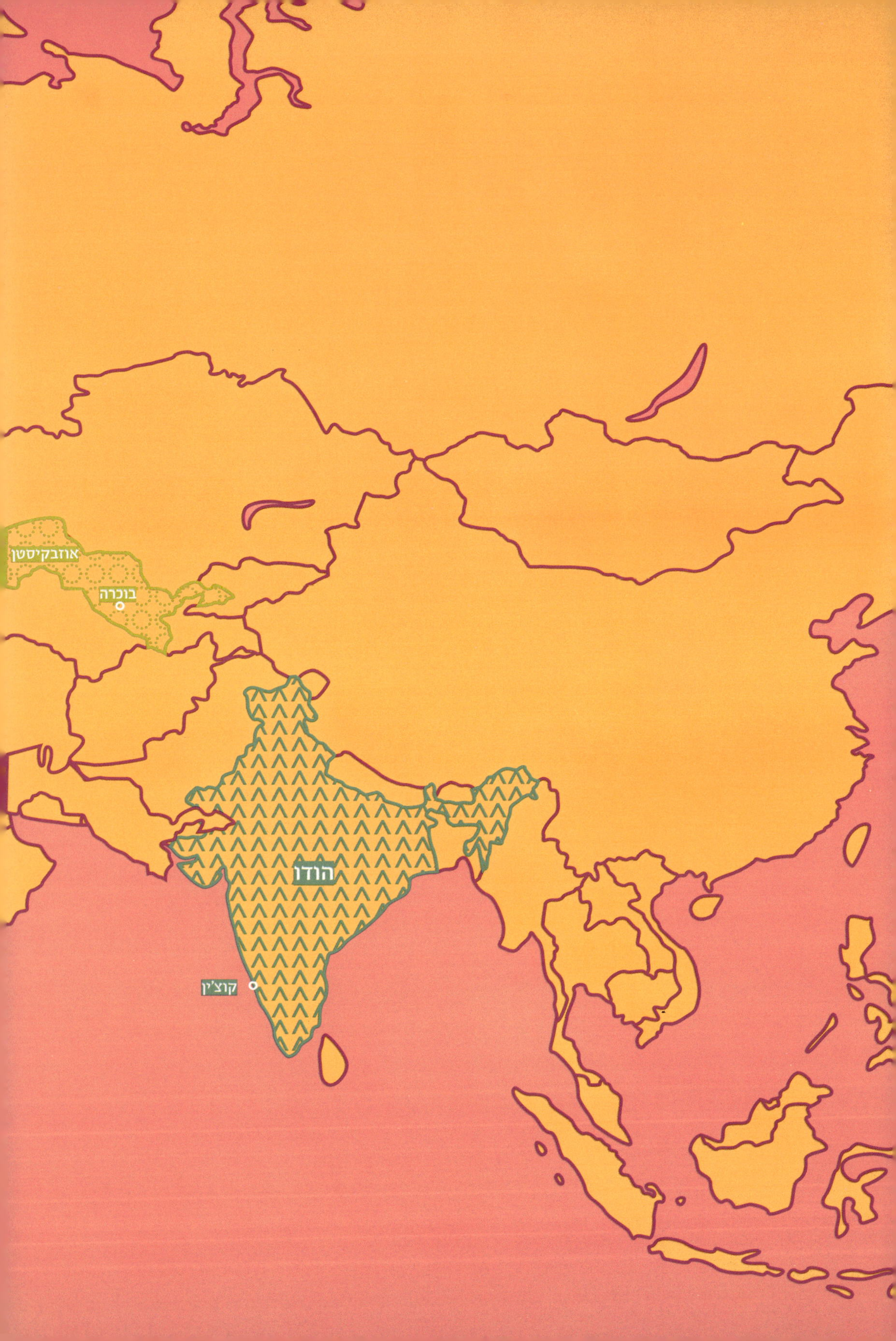
אוזבקיסטן
בוכרה
הודו
קוצ'ין

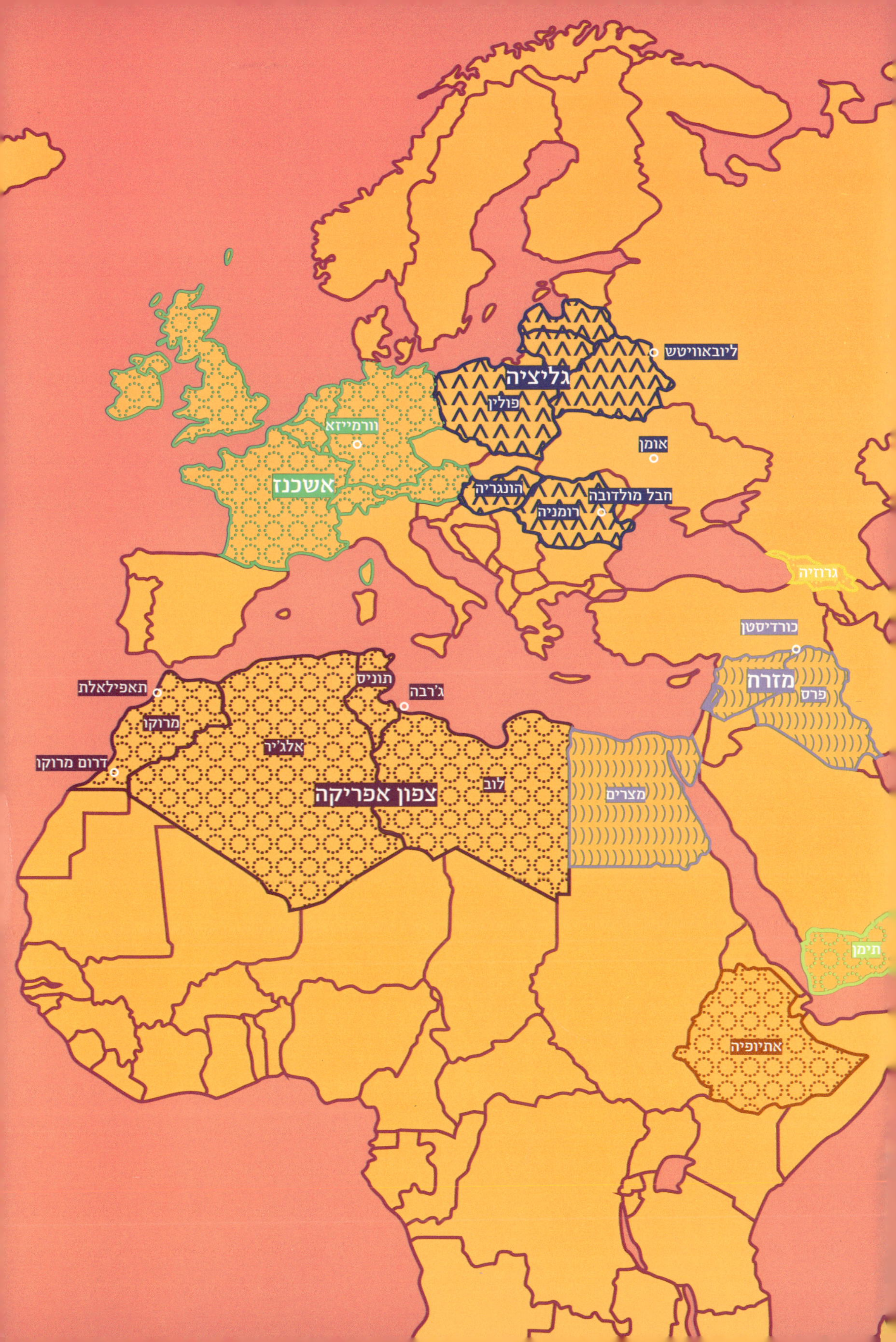

ליובאוויטש
גליציה
פולין
וורמייזא
אומן
אשכנז
הונגריה
חבל מולדובה
רומניה
גרוזיה
כורדיסטן
מזרח
פרס
תאפילאלת
תוניס
ג'רבה
מרוקו
אלג'יר
דרום מרוקו
לוב
צפון אפריקה
מצרים
תימן
אתיופיה

הוצאת קורן ירושלים